謝辞

この本の執筆にあたって、それぞれの専門的な立場から助言を下さいましたシドニー・W・ビジュー、ジュディ・マリック、パトリシア・オールワイン、エリザベス・レイク、キャスリーン・M・アイザック、そして、ディビッド・マーティーに感謝いたします。また、私にいきがいとやりがいのある仕事を与え、私の人生をより豊かなものにして下さいましたすべての親たちと子どもたちに感謝の言葉を述べたいと思います。

ヴァレンタイン・ドミトリエフ

まえがき

この本には、子どもたちの発達、特にダウン症の子どもたちの発達を援助することに献身的なひとりの人によってなされた素晴らしい事柄が記されています。ドミトリエフ博士の事例研究は、ひたむきな人の手によって行われた行動原理にもとづく早期介入〔訳注：早期療育〕が、ダウン症の子どもたちが従来の期待をはるかに超えて発達できるように促し、子どもや親たちに喜びと幸せをもたらすことを明らかにしています。『ダウン症の子どもたち』には、子どもや親たちの情緒的な変化が記述されているだけでなく、ドミトリエフ博士自身の暗い出来事や明るい出来事についても記述されています。博士は、新しい治療プログラムの作成について懸命に取り組んでこられましたが、ダウン症の子どもたちの限界について先入観をもつ人たちとの対応についても奮闘してこられました。

博士は、興味深い多くの経験を読者と共有しながら、時おり立ち止まっては重要な事柄を学ばせてくれます。たとえば、博士は、養子縁組代理機関で働く職員たちに発達障害をもつ子どもたちの養父母を選ぶ場合は特に慎重でなければならないことを気づかせてくれます。そして、親たちには子どもの身体状況について充分な診断を得るように忠告してくれます。また、効果的な早期介入には経験にもとづいたカリキュラムや指導方法が欠かせないことを教師たちに教えてくれます。博士の取り組みが、またたくまに世界中の親たちや障害児指導にあたる教師たち、そしてほかの専門家たちの注意をひきつけるようになった理由《わけ》がうなずけます。

この本のもうひとつの面白さは、ドミトリエフ博士がダウン症の子どもたちの教育と治療に自身を捧げるようになった経緯についてです。博士のキャリアにおける転機は、博士が、ダウン症の子どもたちの援助をするにあたって、より効果的であろうとするならば追加訓練を受けるために学校に戻らなければならないと決心したときに訪れました。博士がワシントン大学で最初に取ったコースは、偶然にもワシントン州バックレーにあるレィニエー州立学校で行われたバーバラ・エツェル博士による夏期講座でした。当時ウェスタン・ワシントン大学の心理学の教授であったエツェル博士は、私がディレクターをしていたワシントン大学の児童発達研究施設の教授たちと共に「子どもの発達における行動分析」というコースを教えていました。当時、研究施設の三つの部門（保育園、子どもクリニック、そして、研究実験室）のスタッフたちは革新的な研究、指導方法、そして、デモンストレーション・プログラムを紹介していました。新しく、そして異なっていたことは、すべてが四十年以上の心理学的研究から進化した行動原理と自然主義的な科学原理にもとづいていたことでした。

デモンストレーションのひとつがドミトリエフ博士も述べているレィニエー州立学校の実験クラスでした。このプロジェクトは、障害のある幼い子どもたちのための数多くの公表されたプログラムをボストン地域で個人的に調査した結果、私がこれまでに見たり読んだりしたプログラムのなかで最も効果があると思われた行動原理にもとづいたプログラムを採用したものでした。レィニエー州立学校の監督であったウェスレー・ホワイト博士の承認と援助によって、読み、書き、計算において完全に個別化されたかたちでの指導が行われるように特別なクラスが構成されました。行動原理の訓練を受けた二人の教師の責任は、クラスの指導にあたること、同時に、指導する基礎的な課題（カリキュラム）の系統的な順序性について工夫すること、一人ひとりの子どもが個々の能力レベルを確実に伸ばしていけるように記録システムを開発すること、効果的な動機づけのために工夫すること、そして、行動原理にもとづいた指導手順を確立することでした。結果は喜ばしいものでした。というのも、子どもたちは好ましい進歩を示しただけでなく、教室での自分たちの経験を楽しんだからです。

ドミトリエフ博士によって示されたもうひとつのデモンストレーション・プログラムは行動上の問題と情緒的な問題をもつ就学前児たちのための特別なクラスでした。ここでの目的は、行動の原理と記録手順を用いて、過度の攻撃性などの問題行動を軽減させ、同時に発達を促進させることでした。このプログラムで、ドミトリエフ博士は、保育園のディレクターであったフローレンス・ハリスと研究施設のほかの職員たちの監督のもとで一対一の訓練を受けました。

研究施設とレィニエー州立学校の実験クラスでの取り組みは出版物や専門家たちの会合を通して紹介されるようになり、この国の教育者や臨床心理学者たちはその後間もなく、これと同じ原理と指導方法をいろいろな場面で応用するようになりました。たとえば、「ロサンゼルスの巧みに計画された教室」のような特別教育クラスでの指導や、「家庭教育のためのポーテージ・プロジェクト」のような障害をもつわが子の指導に家庭で取り組む親たちの訓練、また、「ロサンゼルスのカリフォルニア大学心理学部における自閉症プログラム」のような自閉症の子どもたちの治療、「末期癌の子どもたちの入院プログラム」のように医学的に生命を脅かされている子どもたちの補助的治療、そして、ドミトリエフ博士のダウン症の子どもたちのためのプログラムなどに応用されるようになったのです。その取り組みは海外でもまた〈採用される〉ようになりました。たとえば、日本では「家庭教育のためのポーテージ・プロジェクト」で、ペルーでは「特別教育のためのアン・サリバン・センター」で、イギリスでは「家庭教育のためのポーテージ・プロジェクト」で、イタリアでは「発達遅滞の子どもたちの教育について教師や親たちのための最初の本」として、スペインでは「行動問題をもつ子どもたちのための大学診療所」で、ベネズエラでは「ベネズエラ中央大学で設立された子ども実験研究室」で、そして、メキシコでは「エルモジロにある正常に発達している子どもたちのための私立学校」で採用されるようになったのです。

これらのプログラムが生産的で効果的であったのは、教師や心理学者たちが行動原理の応用について直接または文献を通して訓練されていたためとだけ言ってしまうと誤解を招くでしょう。それ以外に二つの要素が必要でした。それらは、ドミトリエフ博士がそうであったように、教師や心理学者たちが、取り組んでいる一人ひとりの子どもが成長・発達する真の力を持っていると信じること、そして、繊細かつ柔軟な姿勢で原理を応用することでした。

先に述べた、ドミトリエフ博士によるダウン症児たちの治療の経緯や教育治療プログラムの成果はほんの始まりと言えます。行動的アプローチは、教師や臨床家たちの研究を通して常に精製拡大され、将来においては、すべての発達障害の子どもたちと親たちを援助するためのさらに素晴らしい方法が紹介されることでしょう。

シドニー・W・ビジュー

序　文

『ダウン症の子どもたち』は、たまたま身体および知的な障害をもって生まれた子どもたちのいくつかの事例を通して、子どもたちの親の悲しみ、喜び、勇気、そして、献身について述べています。これはまた、教育、医学、そして一般社会における人びとの障害者についての認識と受容について起こった劇的な変化の記録です。

乳幼児特別教育における博士号をもつ教育者として三十年余りもの間、私はこうした家族と取り組むなかで、彼らの悲しみと喜びの瞬間を共に分かち合ってきました。そして、私はこうした意識の変化を目撃し、さらにはその変化を促す役割を演じてきました。

私がケアした子どもたちのなかには脳損傷やほかの非遺伝的な原因によって障害を受けた子どもたちもいましたが、大半はダウン症として生まれた子どもたちでした。残念ながら、これは極めてよくある異常と言えます。正常な分娩で生まれた赤ちゃんの千人に一人はダウン症だからです。

二十五年ほど前までは、ダウン症として生まれた子どもは最重度の遅滞を伴い、正常な発達に類することは何もできないと誤って信じられていました。これらの幼児たちの大半は施設に収容され、親たちはこのような赤ちゃんの誕生を人生最大の不幸と考えていました。残念なことに、今日でもこのような誤った考えに影響されている人たちがいます。

ダウン症は治ることはありませんが、この異常に伴う身体的・精神的問題の多くは医学的・教育的にかなり克服されるようになりました。事実、今日の研究では、ダウン症児たちは学ぶことができ、発達することができるということが立証されています。多くの例で、彼らの進歩は私たちの期待をはるかに超えています。この達成の鍵は早期介入にあります。先天的または後天的な障害を補うためには、環境における早期の豊かな経験が欠かせません。ゴールをめざし、データにもとづいて行われる系統的な指導を通して、発達遅滞の子どもたちは環境のなかで充分に機能し、違いはありながらも社会に受容され、より質の高い人生を獲得するために必要なさまざまな技能を学習することができます。教育へのこのアプローチは、こうした子どもたち、特にダウン症児たちの将来についての従来の悲観的な見方を幸運にも覆《くつがえ》したのでした。また、医学の分野においても、この異常に伴う健康問題の診断、治療、および予防について素晴らしい進歩がありました。

こうした進歩は、行動原理と科学的な方法論にもとづく革新的な教育プログラムを紹介するためのビジョンと勇気を持った研究者や教育者たちの努力なしには、どれひとつとしてありえなかったということを認めなければなりません。このような先駆的な取り組みは、こうした原理にもとづいた指導が、発達遅滞児たちの望ましくない行動を修正する場合だけでなく、学問的、機能的、職業的な技能を教える場合にも効果があるということを示しました。

この早期の実験的な取り組みの多くはシアトルにあるワシントン大学で行われましたが、運命的な出会いで私を指導して下さることになり、私自身の人生と私が関わることになった子どもたちおよび親たちの人生を間接的に変えて下さった方々に敬意を表したいと思います。特に、私の師であるシドニー・W・ビジュー博士、そして、博士の同僚であったドナルド・M・ベアー、モントローズ・M・ウォルフ、チャールズ・H・ストローサー、ノリス・G・ヘァリング、そして、アリス・H・ヘイドンに感謝いたします。

最後に、『ダウン症の子どもたち』は、妻として、母として、また、学生および教育者としての私自身の個人的な経過をたどるものでもあります。本書の内容はすべて真実ですが、文中に初めて登場する際に星印（＊）をつけた名前以外は仮名にしてあります。

ヴァレンタイン・ドミトリエフ

目次

第1章　電　話

1

　電話が鳴ったのは、私がオフィスでひとりの発達障害児の進歩を図に表しているときでした。受話器をとり、私は自分の名前を相手に伝えました。

　しばらくの沈黙の後、悲痛なすすり泣きが聞こえてきました。

「何か私にできることがありますか」と尋ねました。

「私の娘が……」そう言って女性はすすり泣きながらとぎれとぎれに言葉を押し出しました。

「……私の美しい娘が……産んだのは……」食いしばった歯と歯の間から絞り出すように恐ろしい言葉を口にしました。「……蒙古症なのです！」

　ダウン症の赤ちゃんのことだとわかりました〔訳注：一八六六年のL・ダウンによる論文発表以来使われていた「蒙古症」という呼称は、人種蔑視の考えを含むとして、一九六六年に「ダウン症候群」という呼称が妥当とされました〕。私は取り乱しているその祖母ともう少し話をしようとしました。

「赤ちゃんはいつ生まれたのですか」

「今朝の七時半です」

私は机の後ろの時計をちらっと見ました。まだ三時間も経っていませんでした。ぱっくりとひらいた傷口から血が吹き出しているかのように、その痛みは生々しいものでした。

「ずっと以前に、蒙古症の男の子を知っていました」と、女性は続けました。

「その頃、私はほんの子どもでしたが、とても鮮明に覚えています。その子は近所に住んでいましたが、それはそれはひどいありさまでした。不器用な男の子で、十歳か十二歳だったと思います。いつも洟《はな》をたらしていましたが、ハンカチを使うことなどありませんでした。そして、舌を出し、話すことはできませんでした。歩くこともほとんどできず、おもらししては下着を汚していました。ああ、私たちはどうしたらよいのでしょう！」電話線を震わせるように、再びすすり泣きが聞こえてきました。

「ダウン症の子どもたちのためにしてあげられることはたくさんあります」と、私は応えました。

「あなたがおっしゃられたことはずいぶん昔のことです。今はちがいます。今はもう、蒙古症という言葉も使いません」

それは一九七三年のことでしたから、私がダウン症児たちのための実験プログラムを始めて五年が経過していました。当時、私たちは保健教育福祉省からの資金を受けて、ワシントン州シアトルにあるワシントン大学の「子どもの発達と精神遅滞センター」[1]（ＣＤＭＲＣ）の「実験教育ユニット」（ＥＥＵ）

でプログラムを行っていました。当時、私たちの乳児、幼児、就学前児、そして、幼稚園児クラスにいたダウン症児たち、すなわち「絶望的に遅滞している」とみなされていた子どもたちが示す進歩について考えると、自信をもって元気づけることができました。私は、私たちのモデル教室を訪ねるように誘って彼女との電話での会話を終えました。

マイルズ夫人は二、三日するとやってきました。私はフロント・ロビーで夫人に会うと、教室に隣接した小さな観察室に彼女を案内しました。教室からは見えないように片側が鏡になっているガラス窓を通して、私たちは子どもたちの邪魔をすることなく彼らの様子を観察することができました。私たちは十二人の三歳児たちが楽しそうにさまざまな活動に従事している様子を見ました。長いエプロンをかけた二人の少年は、赤や青または黄色の絵の具の入った容器に絵筆を浸し、互いに肘をそっと押し合い、微笑みながら、イーゼルに置いてあるキャンバスに向かって絵を描いていました。就学前児たちのもうひとつのグループは水の入ったテーブルのまわりに立って、ボートなどのプラスチックのおもちゃを浮かべたり、水車をまわすためにカップの水を注いだりしていました。少し離れた隔離されたコーナーでは、一人の教師とピンク色のリボンを髪につけた一人の子どもが色の認識課題に集中して取り組んでいました。一人の教育実習の先生とそのほかの子どもたちはテーブルのまわりに集まって、パズルや重ねコップに取り組んでいました。この日に参加することが予定されていた三人の女性（母親）たちは、必要であればなかに入って子どもたちを援助することができるように、控えめに動きまわっていました。

数分間、マイルズ夫人は黙ってじっと見ていました。それから振り返ってこう囁きました。

「蒙古症の子どもたちはどこにいるのですか」

「あなたがごらんになっている子どもたちがそうですよ」と、私は応えました。

「でも、この子たちはとても普通だわ！」

「ええ。でも、この子どもたちはみんなダウン症児なのです」と、私は微笑みました。

彼女は信じられないというように頭を振って言いました。「では、私の小さな孫のチャーリーもこんな風になれるのでしょうか」

「もちろんですとも。でも、そのためにはあなたはできるだけ早くプログラムを始めなければなりません。こちらへどうぞ、乳児のクラスを訪ねてみましょう」

週一回の乳児プログラムには、母親や、時には父親が赤ちゃんたちを連れてやってきました。一時間のセッションの間、乳幼児発達の訓練を受けた教師がさまざまな体操の方法を示しながら、子どもと取り組みました。そうした体操は正常発達のパターンにもとづいて、正常な赤ちゃんたちが自然に獲得する基礎的な技能を教えるものでした。最年少の赤ちゃんたちは動く物体を目で追うことによって注視や追視の練習だけでなく、首や上体のコントロールの練習もしていました。もう少し年長の子どもたちは、おもちゃを握る、寝返る、そして、支えなしで座る方法を学習していました。セッションの終わりに、親たちは家庭で続ける体操の方法について指導されました。

教室を出たとき、マイルズ夫人の目は輝き、興奮で頬を紅潮させて微笑んでいました。

「娘が赤ちゃんだった頃に、私もあんな風に娘と一緒に遊びましたわ！」

「その通りです。多くの活動は親たちが自然に行っていることにもとづいているのです」と私は応えました。

「それではなぜ、乳幼児学習プログラムが必要なのですか」マイルズ夫人は尋ねました。

私は質問に答えて、障害乳幼児の親たちが挫折しやすく、自分の子どもたちが新しい技能を即座に修得することができないと意気消沈し、試みることを恐れ、容易に希望を失ってしまうと説明しました。すべての赤ちゃんたちの発達にとって親との遊びの時間は極めて重要で、その重要性は見落とされるべきではありません。それにもかかわらず、障害をもつ乳幼児たちは、先天的な障害を最小限にするために、特定のニーズを満たすようにデザインされた、構造化されたプログラムによる補助的な効果を必要としているのです。

「でも、私たちはシアトルから百マイル以上も遠く離れたところに住んでいるのです！　チャーリーのためのプログラムをどこで見つけられるのでしょうか」夫人は唇を噛み、横を向いて涙が溢れ出そうになるのをこらえていました。

「私たちがどうにかしてみましょう」私はそう約束し、約束を果たしました。

チャーリーと彼の両親は最初のアセスメント〔評価〕のためにユニットにやってきました。彼の発達プログラムの概要が説明され、両親は一セットの書かれた指示を手渡され、どのような手順で家庭でプログラムを続ければよいか示されました。そのときから、私たちはチャーリーの進歩を月に一回モニターすることになりました。私たちが最後にチャーリーと会ったのは彼が二歳のときでした。彼は、自信ありげなしっかりとした足取りで教室に入ってきました。彼は明るい笑顔で「ハーイ」〔こんにちは〕と言うと、本箱の方へ行って絵本を引っ張り出しました。それから、床に座ってページをめくりはじめました。

マイルズ夫人は私の手を握りしめました。「なんて素晴らしいんでしょう！　私は、チャーリーが、そして娘や（義理の）息子のことが誇らしくてなりません。彼らは本当に素晴らしい両親です。そして、私は自分自身が二年前にあなたにヒステリックに電話をした同じ女であるということが信じられないくらいです！」

「お電話下さってよかったです」

「ええ、私もそう思います！」

二、三週間後、私はマイルズ夫人からの手紙を受け取りました。その手紙には、チャーリーと家族への私の援助についてお礼を述べるとともに、夫人の娘さんにもうひとり赤ちゃんが生まれること、そして、その赤ちゃんは正常な女の子だということが羊水検査で確認されたことが書かれてありました。羊水検査は、発達している胎児にダウン症やほかの異常があるかどうか判断するために行う出生前診断の方法の一つです。妊娠十四週から十六週の間に、子宮内の羊水から胎児の細胞のサンプルを採取します。腹壁に細い針を刺して胎児の皮膚からはがれ落ちた細胞が含まれている羊水を採取するのです。採取した細胞のサンプルは培養チューブのなかで数週間培養されます。細胞が充分に分裂した後、細胞のなかの染色体を観察して判断します。こうして診断が可能になるのです。

ダウン症の個人における細胞内の染色体数は、正常なヒトでは四十六のところ、四十七もあるということを覚えておくべきです。チャーリーの母親は羊水検査を受け、その後の分析で細胞のサンプルに四十六の望ましい数の染色体が観察され、生まれてくる赤ちゃんが正常であることが確認されたのです。また、この検査によって胎児の性も確認されることから、マイルズ夫人の孫が女の子であることがわかったのでした。

ダウン症児、またはほかの遺伝性の障害のある子ども、たとえば極めて重度の整形外科的な障害である二分脊椎の子どもを産む危険性のある妊婦は誰もが羊水検査か絨毛検査（ＣＶＳ）による出生前診断をすることを強く勧めます。この方法では、これから胎盤が形成されることになる子宮壁から胎児の組織を代表するサンプルが採取されます。サンプルは子宮頸部から通したカテーテルによって採取されます。(2)

マイルズ夫人からの手紙はそのほかの喜ばしい知らせをもたらしました。それは、チャーリーが近日中に健常児たちのための幼児グループに出席するであろうこと、そして、彼女自身が地域のコミュニティ・カレッジで児童発達の講義を受けていたということです。

「私は障害をもつ子どもたちのために働きたいと思っています。そして、もちろん、チャーリーに遅れないようについていきたいのです。四十九歳で新しいキャリアを始めるには歳《とし》をとりすぎているでしょうか」と書いてありました。

チャーリーの家族は彼の存在に適応して落ち着きましたが、これはとても典型的です。親たちのほとんどは、最初のショックの後、すぐに不完全なわが子を愛し受容するようになります。ところが、情緒的にこの移行がうまくいかない人たちがいます。こうした人たちの拒絶はあまりに完全なので、受容の期待が持てないのです。マギーの父親はそのような男性でした。

マギー

「ここが蒙古症たちの場所ですか」と、その男性は電話の向こうからぶっきらぼうに尋ねました。

「ええ、」私は応えました。「私たちはここでダウン症の子どもたちのプログラムを行っています」

「ここで彼らを預かっているのかときいているんだが？」

「私にはあなたの質問の意味がよくわからないのですが……」と、私は謝りました。

「妻が三日前にその蒙古症っていうのを産んだのだが、私はそんなものほしくないんですよ。それで、私が知りたいのは、ここがそういうのを預かるのかどうかってことなんですよ」

「ここは学校で、収容施設ではありません。ですから、私たちはここで子どもを預かったりはしていません」

「どこかにそういった場所があるはずだが。州立学校はどうだろう」

「施設ではもう乳幼児たちを受け入れてはいません」

「じゃあ、どうすりゃいいんだ？　そんなものはいらないと言ってるんだよ！」

「奥様はどうなのですか。このことをあなたの奥様はどう思っていらっしゃるのですか」後ろの方に女性の低い声が聞こえ、やがて、「わかった！」とその男性は鋭く応えました。彼は電話口に戻ると、「妻は直接あなたと会って話したいそうです」と言いました。

「もちろん、あなたの奥様や、あなた方ふたりと是非お会いしたいと思います。もし、奥様がお望みなら、病院でお会いしても構いませんし、お約束をしてこちらにいらしていただいても結構です」

「三十分後はどうだろうか。すぐに退院手続きを済ませ、家に帰る途中でそちらに寄ります」彼はそう言うと受話器を叩きつけるようにして電話を切りました。

私はため息をつくと、それから、すでに入っていた予定を先に延ばしました。

四十分後、カーソン夫妻は私のオフィスにいました。二人とも背が高く、身なりも良く、三十歳代前半に見えました。状況が異なれば、彼らはおそらく魅力的なカップルだったことでしょう、でも、その男性の張りつめた青白い顔は、几帳面に手入れされたブロンドの髪や高価な上着とシルクのネクタイにはそぐわないように見えました。同様に、縁取りのあるネービーのスーツとカラー・コーディネートされたペーズリー模様のブラウス、そしてそれらと合わせた靴は、このような無口で力ない女性には似つかわしくありませんでした。私はカーソン夫妻に挨拶をして、コーヒーを出そうとしましたが断られ、それから、私たちは無言のまま座っていました。私はどちらかが話し出すのを期待して二人を順繰りに見ました。ジム・カーソンは胸の前で腕を組み、冷たい挑戦的な目で私の頭の上の方をじっと見つめていました。カーソン夫人はしおれた花のように椅子の隅でうなだれていました。私は、私のオフィスへの廊下を大股で歩いて行く夫の後ろを、彼女が足をひきずるようにして歩いていた、その歩き方の遅さに気づき、彼女はまだ産後の不快に苦しめられていて歩くのが苦痛だったのではないかと思いました。駐車場から私のオフィスまでの道のりを考えると、そのような酷《むご》い試練を彼女に与えたカーソン氏に対して怒りさえ覚えました。

カーソン氏はついに沈黙を破り、妻に言いました。

「彼女に言いたいことがあったんだろう、だったら言えよ！」メアリー・カーソンは顔を上げ、髪の束を後ろにかきあげました。二つのこげ茶色の目が私の目と合いましたが、彼女は言葉を発することはありませんでした。

「赤ちゃんはまだ病院にいるのですか」私は尋ねました。

彼女はうなずきました。

「どうかなさったのですか。赤ちゃんは早産だったのですか」

「いいえ。赤ちゃんは大丈夫です。お医者さまも彼女は健康だと……」彼女は唇を嚙みながら、夫の方を見ました。彼は顔をしかめ、空《くう》をにらんでいました。彼女の深い目は再び私の目をさがしていました。

「赤ちゃんを自分で育てたいですか」

「はい」彼女はうつむきました。涙が固く組んだ手にこぼれ落ちました。「そのことであなたと話したかったのです。彼女の状態をもっと詳しく……もしかしたらまだ望みはあるのではないかと……」

「冗談じゃない！」カーソンは突然、乱暴に話に割り込んできました。

「来る前に病院のソーシャルワーカーと話して、もう決まったんだ！」

「その人は……赤ちゃんを養子に出したらどうか……と言っているのです」メアリーは小さな声で言いました。

私は、今はそれが最善の判断だと同意してうなずきました。しばらくの別離は、彼らが自分たちの悲しみに折り合いをつけ、彼らがもっとダウン症の子どもたちの可能性を知る機会を与えてくれるでしょう。私は乳幼児プログラムがどんな利益を彼らの小さな娘にもたらすかということを説明しようとしましたが、カーソン氏は私の言葉をさえぎりました。

「あなたの言うことは事実かもしれないし、ほかの人にはそれが役立つかもしれない。でも、私たちにはそうじゃない。私の妻は保険会社で重要なポジションに就いていて、こんなプログラムでどうこうやっている暇などないし、それに、私からすれば、蒙古症なんてただの生肉の塊に過ぎないんだ！」

悲嘆、挫折感、絶望はさまざまなかたちで表現されるのですが、何年もの間、多数の怒れる親たちを見てきましたが、これまで、こんなにぞっとするような激しい口調で父親が自分の子どもを拒絶するのを耳にしたことはありませんでした。

私はこの恐ろしい時間を拡散しようとして、母親の方を向きました。

「赤ちゃんに名前はありますか」

カーソン氏は落ち着かない様子になっていましたが、彼が言葉を発する前に、メアリーの大きな目がにわかに反抗的に光りました。

「彼女の名前はマーガレットです。マギー、私の母の名前からとりました」

それ以上の言葉もなく、彼らは立ちあがると私のオフィスを後にしました。メアリー・カーソンは背筋を伸ばし、頭を高くかかげ、夫より何歩か先をさっさと歩いて行きました。彼女は新しく発見したこの強さをどうするのでしょう。ジム・カーソンと別れるのでは？　と、私は思いました。

それ以来、ジム・カーソンもメアリー・カーソンも何も言ってくることはありませんでした。私には、彼らの結婚生活が彼の裏切り行為にも関わらずその後も続いているのか、彼らが別に子どもを持ったのかどうかもわかりません。しかしながら、三週間後にはマギーと彼女の里親のベティー・ダニエルズに会うことができました。

マギーはそのとき、養子縁組のために州の法的保護のもとにありましたが、養家が見つかるまでということで里親の世話を受けていました。ダニエルズ夫人は彼女のケースワーカーの勧めでマギーを乳幼児プログラムに入れることにし、私はその二人が初めてユニットを訪れたときに会ったのです。マギーの代理母は二十歳代半ばで、マギーの産みの親に似て背が高く、黒い髪の人でした。ただ、モデルのように細かったメアリー・カーソンとは違って、ベティは羽布団のようにやわらかそうで、親しみやすい女性でした。積み上げたパン生地のような胸、ふくよかな腕、丸い笑顔。彼女はマギーを広い肩としなやかな胸に大切そうに抱きかかえて私のオフィスに入ってきました。私は思わず幸福感に満たされ、気持ちが昂揚《こうよう》しました。

拒絶され見捨てられた赤ちゃんにとって何という幸運な出会いなのでしょう。ダニエルズ夫人が腰を下ろし、マギーを膝に乗せ、その顔を覆っていたやわらかなピンクの毛布をそっと折り返すのを見ながら、私はそう思いました。マギーは眠っていました。長く厚みのある黒いまつげは弧を描くように彼女のふっくらした頰を縁取っていました。眠っているマギーのばら色の唇の先は小さくとがり、柔らかな黒髪は光の輪のように彼女の頭を明るく取り巻いていました。

「まあ、なんて美しい赤ちゃんなのでしょう！」

「ええ」ベティは誇りと喜びで頰を紅潮させせました。

「彼女、私にそっくりでしょう。私自身の赤ちゃんかと思うほど。実際、私たちはもうすっかり彼女を私たちの本当の子どもだと思っています。ともかく可愛くて！」

その後の数ヵ月は、ベティ・ダニエルズとその夫がマギーに与えてくれるであろう家庭についての私の考えが間違っていなかったことを証明してくれました。ボブ・ダニエルズにはまだ会っていませんでしたが、ベティ同様にマギーを愛している里親だということを彼女から聞きました。一方、マギーはめざましい発達を示していきました。マギーが、生後十八ヵ月で幼児プログラムに参加するようになったときには、彼女はすでに歩き、言葉を一つ、二つ繰り返しはじめていました。ダウン症候群の子どもたちは一般的に独歩や発語に遅れが見られることから、マギーの成長は発達が促進されたこととして歓迎されました。マギーは活発で、クラスメートと楽しく関わり、先生を喜ばす、自信に満ちた生徒でした。

それからまた一年が過ぎ、私はマギーに対するベティの変わらない愛情を観察し、そんなベティの愛情と承認に寄せるマギーの完全な信頼に、私はダニエルズ夫妻がマギーを法律的に正式な養女にするのは時間の問題だという確信を抱いたのでした。

そんなある日、ベティが私に相談を持ちかけてきました。彼女が私のオフィスで席につくとすぐに、私には、彼女が何か困っている様子であるにもかかわらず、同時に、彼女の顔が新しい内側からの光で輝いているのがわかりました。ベティは最初、話すのは気が進まないという風でしたので、私がその沈黙を破りました。

「どうかしたのですか、ベティ?」

「あ。ええ……いいえ。そうなの。ヴァル!」彼女は突然私の手をとりました。

「とっても素晴らしいことが起きたの。私に赤ちゃんができたの!」

「なんて素晴らしいのでしょう! 私も嬉しいわ!」

この喜ばしいニュースを聞いて、私の目に涙がこみ上げてくるのを感じました。ベティとボブがこれまでどんなに子どもをほしがっていたか、そのことを私は知っていたからです。彼らがマギーを家に迎えたときは結婚してすでに五年経っていました。間違いなく、この小さな少女は彼らの生活に欠けていたところを埋めてくれましたが、彼らはベティの子どものできない不可解な体質について納得できてはいませんでした。

「確かなの?」私は聞きました。

「ええ、三ヵ月以上経っていて、お医者さまもすべて順調だとおっしゃいました」彼女は微笑みましたが、まだ困っているようなまなざしをしていました。

「では、何をそんなに心配しているの、ベティ?」

彼女は低い声で答えました。「マギー」

それからベティは、あたかも彼女が私に言わなければならないことを私がさえぎるかもしれないと恐れているかのように、急いで言葉を続けました。「私……ボブ……私たちはマギーを置いておくことはできないの。彼女は可愛い小さな女の子よ……私たちは彼女のことは本当に……本当に愛しているわ。……あなたも知っているでしょう。でも、今は……今は私自身の赤ちゃんができたので……私……じゃまされたくないの。……ボブと私にとってこんなに特別なときに……私たちどんなにこのときを待っていたか……馬鹿げているって、私も思うわ。そして、どんなに恐ろしく不公平なことなのかっていうことも。……でも……でも、今ではマギーが私を赤ちゃんから取り上げてしまうような気がして、時どき怒りを感じそうになるの。……そして後で、赤ちゃんが生まれたら……それがもっとひどくなるかもしれないと思ってしまうの……」

彼女の目に涙が光りました。

「私がこんな風に思っていることを、あなたはきっと最低だと思っているでしょうね」

「そんなことはありません。あなたの気持ちはわかります。正直に言って下さってありがとう」

と、私は彼女に言いました。

ベティは続けて言いました。「ソーシャルワーカーとはもう話しました。マギーをぜひ養女にしたいという人がいるのです。その人の名はハンナ・バッハラーといい、オランダ生まれの未亡人で、以前は先生をしていたそうです」

昔は結婚している夫婦でないと子どもを養子にすることができませんでしたが、法律が変わり、特に障害のある子どものケースについては柔軟になってきたのです。ですから、私は一人暮らしの女性がマギーを養女にするという可能性について疑問には思いませんでした。それでも、このニュースは私の胸に重くのしかかりました。かわいそうなマギー。私は心のなかで思いました。私の唇はこわばっていましたが、それでも強いて中立的な気持ちの良い表情を保ちながら、穏やかに話すようにしました。

「バッハラー夫人にお会いできるといいけれど」私は言いました。

「もちろん、会うことになると思います」ベティは約束し、バッハラー夫人が近くに住んでいて、マギーは引き続き、ユニットの教室に通うことになると説明してくれました。ベティは、バッハラー夫人との電話での会話から、マギーがこれから先ずっと幸せに暮らすことのできる家を得ることになると確信していたようでした。

ベティは、痛ましいニュースが受け入れられて安心したのでしょう。笑顔で帰って行きました。そこで、私も笑顔を返したのでした。マギーの件についての私の期待外れと心もとなさにもかかわらず、私はベティとボブ・ダニエルズのことは心からうれしく思っていました。マギーにとって乳児期の重要な形成期の間ずっと、彼らが良心的に愛情深い親でいてくれたことを考えると、今、彼らが長い間待ち望んでいた彼ら自身の赤ちゃんを迎え入れる準備のために、マギーのように健康で魅力的とはいえ、拒絶することのできない、そして時には過度な要求もある特別なケアの必要な子どもの世話による重荷を下ろしたくなるという気持ちはよくわかりました。それでも、マギーを待っている過酷な将来のことが私に重くのしかかってくるのでした。その後、バッハラー夫人がオランダなまりの英語で私に電話をかけてきて、マギーのクラスの見学許可を依頼してきたときには、私はそれまで落胆していた自分を叱り、状況をもっと楽天的に見ようと考えました。結局、私自身がその子どもを養子にする準備ができていないのに、マギーの将来を約束し、プログラムに参加しているマギーやほかの子どもたちの教育のゴールに賛成していると思われる人について、私が早まった判断をするべき立場ではないと、理由づけたのでした。

ハンナ・バッハラーは翌週の月曜日にやってきました。私は彼女を観察室に案内し、マギーがどの子かわかるかどうか尋ねました。

「ええ、写真を見ましたから」彼女は応え、うなずきながら片側が鏡のガラス窓越しにマギーを目で追いました。マギーは、おままごとコーナーで忙しそうにテーブルにおもちゃのお皿を並べ、人形用のハイチェアーに座っている人形に空想のシリアルを与えました。そのしぐさはベティ・ダニエルズを思い出させ、私は笑いながら私の連れをちらりと見ました。彼女の顔は堅く厳しいような感じがしましたが、話しかけるとうなずきました。

微かな笑みが彼女の青白い唇に見えたとき、私は励まされたのだと感じようとしました。

「ええ、そうね」

観察しながら、私は、幼児（toddler）と就学前児（preschool）のクラスは週に四回、二時間ずつ、幼稚園の生徒は週に五回、二時間半ずつ学校に通うことを説明しました。それぞれのクラスには、幼児初等特別教育課程（Early Childhood Special Education）の修士号を持った先生と、先生のアシスタントとして普通は教育学を主専攻としている大学生が配置されています。さらに、私はバッハラー夫人に、父親か、母親か、（母親が働いている場合や片親の場合は）主な養育者が週に一回はクラスに参加することになっていることを伝えました。こうした方法は、生徒と大人の人数の割合を高くすることとなり、それによって個別の注意や監督をより多く与えることができるという利点をプログラムにもたらします。しかしながら、この方法の主な目的は、幼児期に始まった親の関与をさらに具体的な指導手順における親訓練へとつなげていくことと、学校と家庭との間のコミュニケーションを維持していくことにありました。コーディネーターとしての私の仕事は、プログラム全体の監督と、実習生の訓練、そして両親との話し合いを行うことでした。これらすべてのことを話してから、私はバッハラー夫人を教室に招き入れました。

子どもたちはそれぞれいろいろな活動に没頭しており、私たちが部屋の奥にある二つの小さな椅子まで進んでいく間ほとんど注意を払うことはありませんでした。五フィート二インチ〔約一六三センチ〕

の私は、低い椅子に腰掛けることに何も問題はありませんでしたが、私よりも六インチ〔約一五センチ〕か七インチ〔約一八センチ〕ほども背の高いバッハラー夫人はまるでこうのとりがにわとりの止まり木にでものっているように見えました。私はもっと高い椅子を勧めましたが、彼女は私の申し出を断りました。

朝のプログラムの様子を見ながら、私はバッハラー夫人に、マギーの注意力の長さや、彼女が教師の指示に従うことができたり、難しい課題に意欲的に取り組めたり、そして、ほかの子どもたちに好意的に関わることができることなどを強調しながら、小さな声で説明しました。私の隣の女性は「ええ、ええ」と言ってうなずくだけで、それ以外は何も言いませんでした。そのとき、主任教師のペニーが私たちの方に近づいてきました。ペニーは私よりも小柄で、鋭い小妖精のような顔と小鳥のように華奢《きゃしゃ》な骨格をした、小さなミソサザイのような少女でした。しかしながら、彼女は献身的で、創造的、そして、子どもたちへの愛情が豊かで温厚な素晴らしい教師でした。彼女はまた、子どもたちの福祉を脅かす者に対しては誰にでも、そして何にでも常に猛然と闘う準備ができている忠誠心をもっていました。ペニーは礼儀正しく微笑んで、バッハラー夫人にクラス・スケジュールやそのほかの資料を差し出しました。微笑にもかかわらず、ペニーの眼のなかにある厳しい光から、私はペニーがバッハラー夫人をマギーの将来の養母として認めていないことを感じとりました。

バッハラー夫人はそれらの資料をうなずきながら受け取り、「私、教師。わかっています」と言い、それらの書類を半分に折ると自分のバッグのなかに詰め込みました。

そのうちに、その日最後の活動である音楽の時間になりました。子どもたちと大人たちは敷物の上に輪になって座りました。ペニーがピアノを弾くと、皆は歌い、手を叩いて拍子をとり、ドラムをどんどんと叩き、鈴を振り鳴らしました。それはにぎやかで、熱狂的で、とても魅力的なパフォーマンスでした。私がうろたえたのは、バッハラー夫人が骨張った手で耳をふさぎ、下を向いて座っていたことでした。

最後の歌が歌われると、その日家に残っていた母親たちが小さな息子や娘たちのお迎えにやってきました。そのとき、マギーが私たちの椅子のところに近づいてきました。私はマギーが身につけている洋服はすべてベティが作ったものであるということを知っていましたが、この日の朝もいつものようにマギーはまるで少女向けファッション雑誌のなかから抜け出したように見えました。彼女は縁にレースのついた白いパフ・スリーブのブラウスを着て格子縞の短いスカートをはき、その上にフリルで縁取られた胸当てつきの赤いエプロンをつけていました。また、彼女のつややかな黒い髪は、ふっくらとしたバラ色の頬の辺りでねじられ、二つの赤いバレッタでとめられていました。そして、ぽっちゃりした足には白いハイソックスと艶のある黒いメリー・ジェーン(3)〔エナメル革製のローヒールでストラップのついた少女用の靴〕をはいていました。マギーはこんな風に健康的で、膝の上にのせて思わず抱きしめたくなるような可愛らしい子どもでした。

「ハーイ」〔こんにちは〕マギーは言いました。

「ハーイ」〔こんにちは〕私も言いました。

ハンナ・バッハラーは平坦な胸のところで長い腕を折り、わずかに前かがみになると「ママ」と言いました。マギーの顔はぱっと輝き、集まってきた母親たちが入ってきたドアの方を指さすと、「ママ」と叫びました。

「いいえ」バッハラー夫人は彼女自身を指さし、「私がママ」と厳しく繰り返しました。

マギーが混乱していると、ベティ・ダニエルズが入り口に現れました。マギーは彼女に会おうと喜び勇んで立ち去りました。

バッハラー夫人は批判的に私を見ました。「マーガレットは、しゃべらない？」

「マギー？」

「そう、私はマギーではなく、マーガレットと呼びます。マーガレットが適切な名前です。彼女、しゃべらない？」

「お聞きになったでしょう、彼女はいくつか言葉を話します。ダウン症の子どもたちはこの年齢ではめったに流暢《りゅうちょう》には話しませんが、もっと年長の子どもでも難しいものですが、彼女は学びつつあります。(4) あなたは……、あのー、……マギーがダウン症として生まれたことをご存知ですよね。ダウン症のこと……おわかりですね」

「ええ、ええ、知っています。蒙古症……私はそれを取り除いてみせます！」

私はひどく驚いて彼女を見つめました。彼女は何を言っているのでしょうか。いったいどうやって、彼女はマギーの遺伝的状態を取り除こうというのでしょうか。私が彼女の言葉を聞いて、返答または異議申し立てをする前に、ハンナ・バッハラーは小さな椅子から立ち上がり、マギーとベティの後についてドアを出て行ってしまいました。ペニーは私の腕をつかまえ、「あの人にマギーは渡せません」と非難を込めて言いました。

「わかっています。私は今すぐソーシャルワーカーに電話するつもりです」

「もう一度この措置について考え直す必要があります！」私は、バッハラー夫人がなぜマギーの良い母親にはなれないと考えるのか、その理由をすべてリストにしたうえで、こう主張しました。

「彼女の身元照会はとても素晴らしいものです」と、ソーシャルワーカーのランドール夫人は反論しました。「よく手入れされた素敵な家、収入も申し分ありません。亡くなられた彼女のご主人がバッハラー夫人に快適な生活状況を残していかれたのです。このように恵まれた状況にある一人親はめったにありません。そのうえ、彼女はマギーを養女にすることをとても望んでいらっしゃいます。ほとんどの養父母は乳児をほしがっています。ハンディキャップのある三歳児を望むような親は、そう多くはありません。しかも、こんなに短い期間でさがすことができるなんて。どれだけ多くの子どもたちが私たちのウェイティング・リストに載っているか、あなたにはおわかりですか。この子どもたちはみんな、ずっと暮らしていくことのできる家庭への措置を必要としているのです。里親や養父母を必要としている子どもたちの数が、実際に引き取られている子どもたちの数よりもはるかに多いということについては、もちろんあなたもご存知とは思いますけれど」ランドール夫人の言葉は私に対してひどく不機嫌な様子でした。

「ええ、ええ、もちろん、わかってはおります……でも、バッハラー夫人はとても冷たく思えるのです」

「私にはそんな風には見えませんが。多分、控えめで、もしかしたら、内気なだけであって、冷たいなどとんでもない、あなたは、彼女のことを誤解しているのです」

「バッハラー夫人はおいくつですか」

「四十七歳。信頼することができるほどに成熟していて、小さな子どもの世話をするには充分な若さもある、ちょうど良い年齢です」

私は、それでもまだ、憤然としていました。

「彼女がマギーを蒙古症と呼んだときに彼女が言ったことはまったくおかしいのです！　ダウン症は染色体異常です。どうやってそれを取り除くことができると言うのですか」

「ああ、あなたは彼女を誤解したのですよ」ランドール夫人はわけのわからない顧客をなだめるかのように話しました。「それに……」彼女はこう締めくくりました。「ボブとベティ・ダニエルズは休暇をとって、今週の金曜日にはハワイに飛ぶ予定です。私たちに何ができると言うのですか」

最終的には、私の苦悩を感じながら、ランドール夫人はすべての縁組が試験的な期間を経て成立するということを私に気づかせました。少なくとも最初の六ヵ月間、もしかしたら一年間は正式な縁組として成立することはないでしょう。そして、そうです、マギーはこれからも続けて学校にやってくることは確かなのです。それが条件でした。ハンナもほかの母親たちと共にクラスに参加することになるでしょう。そうすれば、そのうちに彼女のこともっとわかるはずです。すべてのことがベストの状態として解決するか、さもなければ、……いずれにしても時が経てばわかることでしょう。

不承不承納得して、私はさようならを言って、ペニーのところへ戻りました。

「私は構いません！」ペニーは、私とランドール夫人との会話について、そう言い放ちました。「ひょっとしたら、あの人は見かけほど悪人ではないかもしれません、でも、まかせてください、私は探偵のようにしっかりと彼女を見張っていくつもりです！」

私はペニーの肩を軽く叩きながら、「おまかせするわ」と言いました。

それからの三日間は何事もなく過ぎ、あっという間に幼児クラスは週最後の日の木曜日を迎えました。その日の朝のセッションが終わり、マギーはベティ・ダニエルズと一緒に帰宅の途につくかわりに、ハンナ・バッハラーと共に新しい生活をするために学校を去っていきました。

私はマギーのことを心配しながら不安な週末を過ごしました。月曜日の朝がきて、私は幼児クラスへと急いでいました。グループ活動のために輪になっている子どもたちに目を走らせました。実習生のカールが子どもたちを指導しながら歌っていました。

「ジョニーはどこ？　ジョニーはどこ？」と彼は歌いました。

「ここだよ！」マギーと仲良しのブロンドの髪をした三歳児が元気よく応えました。

でも、マギーはどこ？　私はペニーの目をとらえました。彼女は首を横に振りました。

「彼女はどこなの？」私は、そう尋ねるとペニーの後について部屋の隅の方へ行きました。

「病気です。バッハラー夫人が今朝電話をしてきました」

「どこが悪いの？」

ペニーは疑わしそうな目つきをしながら，「B夫人によれば，ただの風邪だそうです」と言いました。

「おや，まあ。彼女はほかに何か言っていましたか。彼女たちはうまくいっているのかしら」

「うまくいっている，と思います」ペニーは重苦しく応えました。

「マギーはこれまで風邪をひくことなどありませんでしたよ」私は強く言いました。

「知っています。彼女が欠席するのは今年になってこれが初めてです」

私たちは二人とも，ダウン症の子どもたちが特に風邪をひきやすかったり，上気道の感染症に罹りやすいことから，ある程度，欠席の子どもたちがいてもやむをえないということは承知していました。でも，マギーは別です。マギーは，例外のように，常に良好な健康状態に恵まれていました。ですから，彼女の身体的な健康状態の変化は私たちに不安を与えました。

「こうなることは予測できたはずでした。ストレス，新しい環境，新しい日課，そして，ホームシック……」

ペニーはもう泣きそうになっていました。「誰だって病気になってしまうでしょう。私だって病気になってしまいます！」

「ともかく，少なくともバッハラー夫人は電話をしてきました」

ペニーはそれでもまだ不満そうでした。「ええ、そうでした」

「このことは記録しておいてください。さしあたり、記録を残すことにしましょう」

「すぐに日誌をつけはじめることにします。私はこれから起こることすべてを記録に残しておくつもりです」と、ペニーは賛成しました。

私は、すぐにでもバッハラー夫人に電話をかけ、車にとびのってマギーに会いに行こうとはやる気持ちと闘いながら、自分のオフィスに戻りました。それでも私は、うまくやらなければ、このような行動がバッハラー夫人の反感を買うだけになってしまうかもしれないし、マギーのためには夫人の信用を勝ちとらなければならないということを知っていました。

十日後にようやくマギーと再会したとき、私たちは教室へ続く廊下で寂しそうに立っている彼女を見てひどくショックを受けました。四歳になると子どもたちは通常のスクールバスで通学しますが、それまではそれぞれの親が責任をもって教室のなかまで子どもたちを連れてこなければなりません。マギーを一人っきりで放り出すということは、彼女の新しい母親は基本的な規則を破ったということになるのです。けれど、私たちはマギーの外観や行動を見てさらにショックを受けました。きらめくようなばら色の顔をした幼い子どもに代わって、私たちがそこで目にしたのは、虚ろな目と、怯えたように震え縮みあがっている小さな浮浪児だったのです。

私たちが近づき注意を払ったことで、マギーはわけがわからなくなるほど怯えてしまったのだと察知したペニーは後ろにさがり、ほかのみんなにもそうするように言いました。マギーは一人にされると、おままごとのコーナーまで這っていき、それから彼女のお気に入りの人形を見つけると、その人形を抱え自分の親指をしゃぶりながら隅の方で小さくなっていました。マギーのこうした様子を心配して、ペニーはスクール・ナース〔学校の看護婦〕に電話しましたが、パーキンスさんはすぐには来られませんでした。別のクラスの五歳の男の子が通学途中に転んで膝を擦りむいたので、その子の傷の手当てをしなければならなかったのです。ナースはそれが済んだらすぐにマギーを検査してみましょうと言いました。けれども、パーキンスさんが来る前に、マギーはパンツを濡らしてしまい、突然悲しそうにすすり泣きはじめたのでした。

幼い子どもの母親や教師なら誰でも知っているように、濡れたパンツやうんちのついたオムツは生きていることの証であり、このような出来事は哲学的に扱われるものです。それでも、マギーは二歳半のときにオムツがとれてから今まで、過去半年ほどの間に一度だって失敗したことはありませんでした。ですから、この失敗は、私たちが考える以上にマギーの状態が悪いのか、もしくは、何か別の深刻な問題を示唆するものと思われました。

もちろん私は、電話が鳴ってペニーが私の耳元で金切り声を上げるまでこのことを知らずにいました。

「あの人はマギーを叩いています！　彼女のお尻には紫色のすさまじく大きなあざがふたつもついていて、手形まではっきり残っているほどです！」

「すぐに行きます！」私はそう叫ぶやいなや立ち上がりました。

教室は大騒ぎになっていました。学校のソーシャルワーカーとナースはすでにそこにいて、ペニーが闘いに備えて証拠となるあざのポラロイド写真を撮っているところでした。この騒動で当惑した子どもたちはやたらと動きまわり、母親たちは集まり、憤慨してヒソヒソと話していました。マギーはオムツ交換台の上に横たわり、小さく身体を震わせしゃくり声を上げてすすり泣いていました。

騒ぎは次第に収まっていきました。マギーの濡れたパンツは乾いた予備のパンツに交換され、たまたまその日教室で働いていた、ブロンドの髪をしたジョニーの母親のアリス・ニーマンはマギーを慰めました。アリス・ニーマンとベティ・ダニエルズはともだちで、ジョニーとマギーも学校から帰ると一緒によく遊んだものでした。

「いらっしゃい、マギー、物語を読んであげましょう」彼女はそう言って、傷ついた小さな女の子に向かって手を差し延べました。すると、マギーもともだちに気づき、獰猛《どうもう》な熊の仔が木のてっぺんにしがみつくように、ニーマン夫人にしがみつきました。すぐにアリス・ニーマンは、マギーを膝にのせて敷物の上に座り、ジョニーを傍らに引き寄せると、ふたりの子どもたちに絵本を読んで聞かせました。

私たちのソーシャルワーカーが養子縁組エージェンシーのランドール夫人に電話をするために去ると、ナースはマギーの体重などを測定した結果、三・五ポンド〔約十六グラム〕も体重が減少し、栄養不良と脱水症状が見受けられたと報告しました。

「マギーは重い病気だったか、あるいは食事を充分に摂っていなかったようです」と、パーキンスさんは結論づけました。

「マギーをあの人のところへは返しません！」ペニーはこぶしを握って、挑戦するような目で私をにらみつけました。

「絶対に」私は、必要ならマギーを連れて家に帰るための準備や、そのために関わらなければならない人びとのことなど、すべてを考えながら同意しました。それから、私が驚くほどの急展開で、すべての事柄が信じがたいスピードと明快さで解決したのでした。

ランドール夫人との話で、私たちの学校のソーシャルワーカーはハンナ・バッハラーがすでにそのエージェンシー〔養子縁組代理機関〕にコンタクトをとっていて、かなり多くの苦情を述べ立てていたことが判明しました。マギーはオムツがとれているはずなのに、最初の晩からもうおねしょをしたと、バッハラー夫人は不平がましく言っていたようでした。

「おしりを叩きます！」バッハラー夫人は憤然と言い放ちました。「〈おねしょをしたら、朝食はあげません！〉と言ったのに、まだおねしょをする。ミルクや水、飲み物はおねしょをするからあげません！　強く叩きます、良くありません。床におもらしする！　悪い子、強情！　いりません！[5]」ランドール夫人が、マギーはすぐに彼女の家から引き取られると応えると、バッハラー夫人は「いいでしょう。荷物は学校に置いておきます」と言ったそうです。

そこで、私たちはマギーのことをどうするか決めなければなりませんでした。

「私が家に連れて帰ります」と、私は言いました。

「いいえ、私が」と、ペニーが言いました。

「私が」と、ニーマン夫人が打ち消すように言いました。「今日は私が家に連れて帰り、私が家で面倒を見るつもりです。夫と私はこれまでマギーについて話し合ってきました。彼女とジョニーはとても仲良しで、私たちは彼女を養女にしたいのです。私たちは最初からこうしたいと思っていたのですが、すべてのことがはやく進んでいってしまったために私たちは何も言うチャンスがなかったのです」

ハンナ・バッハラーはユニット〔実験教育ユニット〕のフロント・オフィスにマギーの持ち物を残していき、私たちの誰一人、彼女を再び見かけることはありませんでした。マギーはニーマン夫人やジョニーと一緒に帰宅し、それからずっと、暖かく愛情豊かな家族の一員になったのでした。

今では、バッハラー夫人が悪質だとか故意に残酷な人だったと信じているわけではありません。彼女がマギーにしたことは、無知と誤った期待からしてしまったことなのだと思うのです。未亡人になったばかりで、中年の、子どものいない女性として、彼女は疑いようもなく淋しく、そして、おそらく小さな女の子がその空虚な隙間を埋めてくれるものと幻想していたのだと思います。事実、彼女はペットの犬や猫を貰い受けるような方法で行動したのでした。強調されなければならないことは、ペットであっても充分なケアと、動物の基本的なニーズを理解することのできる責任ある飼い主が与えられなければならないということです。これが、バッハラー夫人の問題でした。彼女は教師だった

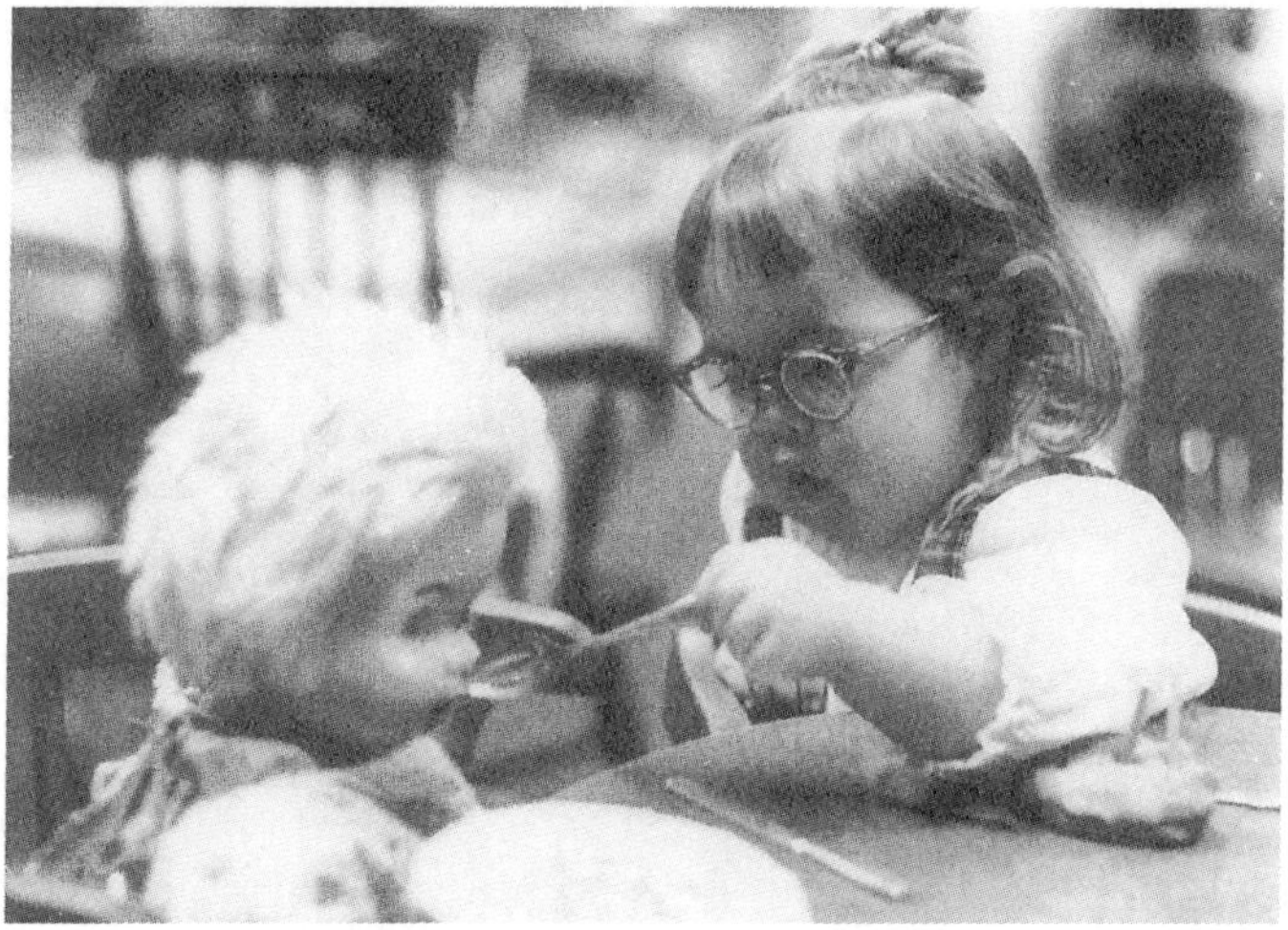

おままごとコーナーで人形に「食事」を与えるマギー

かもしれませんが、明らかに幼い子どもたちの発達や情緒的・身体的ニーズについては何も知らなかったのです。

この出来事は、子どもたちの里親や養父母を決定する仕事に携わる人たちにどれほど大きな責任が委ねられているのかということを強く物語るものです。こうした決定のほとんどはうまくゆき、子どもたちには、ボブとベティ・ダニエルズのように、不遇な幼い子どもたちのために心を込めて愛情豊かな家庭を提供してくれる代理親が与えられています。しかしながら、誤りを犯したことのない人間が一人もいないように、時には、子どもが不適切に措置されたり、虐待が行われるような家庭に措置されたままにしておかれることもあるのです。そこで、ペニーがマギーを守ってきたように、子どもが充分なケアを受けていなかったり虐待されている場合には、そのことに気づき、子どもの代弁者として子どもの福祉のために闘うことが、教師やそのほかの人たちの道徳的責任となるのです。

第2章　トミーとすべての始まり

私が自分の人生を発達遅滞児たちのために捧げようと思わせるような仕事を依頼されるといつでもすぐに思い出すのは、トミーと一九五八年の春に起こったことです。当時、私はシアトル市内の公立学校の「家族生活」の指導者として働いていました。私の仕事は地域を基盤にしたコオペラティブ・プリスクール〔親たちの共同運営による就学前教育の場〕のアドバイザーとしての役割を担っていました。私は保母指導を行ったり、親たちのための子どもの発達クラスを開いたりしていました。そして、優れたプリスクール・プログラムの基準が一貫して維持されることを確実にするために、「家族生活」親教育プログラムとプリスクールの連絡係としての役割を担うことも私の責任でした。当時、私はワシントン大学の学士号を持ち、加えて、幼児教育の訓練をすでに受けていましたが、特別教育における大学院レベルの学位を取得したいと考えていました。私が監督していたプリスクールの子どもたちは典型的な発達を示していました。

私が毎週訪問する五つのプリスクールは、シアトルのワシントン湖東側に位置する郊外のベルビューにありました。ベルビューは、今でこそ高いオフィスビルやきらびやかなブティック、おしゃれなレストランや広大なショッピング・モールが建ち並んでいますが、三十一年前はまだ交通量も少ない新興地域でした。それでも、一九五八年には、ワシントン湖とシアトルを結ぶ二つめのフローティング・ブリッジ〔浮き桟橋〕が完成したことでシアトルまでの交通がずいぶん便利になり、多くの裕福なカップルたちが広々とした景観をもつ大きな家に住むために地域を新しく開発しようと押しかけはじめました。こうして流入した新しい住民たちにもかかわらず、当時のベルビューはまだ、農地や開発されていない土地、そして、ダグラス樅《もみ》や優雅なヘムロック〔アメリカ栂《つが》〕、そして古代杉などの厚く生い茂る森がほとんどでした。春になるとハナミヅキが四枚の白い花びらをいっせいにひろげ、深い緑に点々と白い彩りを添えました。メイプルやアルダー〔榛の木《はんのき》〕はそよ風に、花粉で黄色くなっている花穂《かすい》を揺らしました。十月になると、森の土地は、エメラルドを背景に金色や緋色の秋色の木々で織り上げた一幅の広大なタペストリーになりました。

西に長さ二十二マイル〔約三十五キロメートル〕のワシントン湖と東にサマミッシュ湖、この二つの巨大な水域の間に位置するベルビューは、まるで光り輝くふたつのサファイヤのあいだに置かれた磨き上げられた翡翠《ひすい》のように横たわっています。サマミッシュ湖の向こう側は山麓に波のように木々が茂り、カスケード山脈の花崗岩が東方へ昇るように噴出しています。これらの荘厳な山々は中国の万里の長城のように、州を北から南まで縦走しています。ワシントン湖の西、ピュージェット湾の向こう側には、オリンピック山脈とオリンパス山の雪に覆われたのこぎり歯《ば》のような峰々が地平線を独占するようにそそり立っています。

夫のニック、三人の子どもたち、そして、私は、建築業者たちがそうした手つかずの土地に最初の計画を立てるよりもずっと前の一九五三年にベルビューにやってきました。私たちの十三歳の娘、キャシーは馬を欲しがっていました。八歳のマイクと五歳のアレックスの二人の息子たちには、走ったり遊んだりするスペースが必要でした。ニックと私は、馬とジャーマン・シェパードと猫のために、広くて田舎暮らしのできる土地を望んでいました。私たちは七エーカー〔約二十八平方メートル〕の土地とそこにあった廃校となっていた校舎を見つけ、購入することにしました。オールド・ファントム〔phantom：おばけ〕湖学校（実際の名称）は教室が一つあるだけの二階建ての建物でした。私たちは一年の内に、その見捨てられた古い建造物を、大きな地下室と家族のための部屋、そして寝室が三つある快適な家へと首尾よく改造することができました。

私が監督していたプリスクールに子どもたちを入学させていた女性たちの大半は、私たちが改造した住居よりもはるかに広大な家に住んでいました。言うならば、彼女たちは上流の美しいイーストサイドに住むようになった裕福な人たちなのでした。そうした若い女性たちはカシミヤのセーターを着て養殖真珠を身につけ、そして、馬力のある新しい車に乗っていました。これはベビーブームの時代でした。コオペラティブ・プリスクールは、明るく、健康的で、美しく、こぎれいな服を着た幼い子どもたちで満ちていました。

子どもたちのプログラムを指導するのは私の責任でしたが、プリスクールは自主運営されていました。学校は親たちのものでした。親たちが校舎の家賃や、教師たちの給料、そして、そのほかの経費を賄《まかな》っていました。彼らは、自分たちが選出した役員による役員会や、自分たちの規約を持っていました。一方、私の給料はシアトル公立学校によって支払われていましたので、私はプリスクールの有権者ではありませんでした。私はアドバイスを与えたり、指導したり、推薦することはできましたが、命令することはできませんでした。私は自分の仕事や、私のケアのもとにあって、常に暖かく、互いに支持し合うグループとの関係を楽しんでいました。そして、一九五八年の春学期の初めに、シルビア・モービックが彼女の息子のトミーを入学させたのでした。

シルビアは上流地域のしゃれた家には住んでいませんでした。サンダーバードやメルセデスにも乗っていませんでしたし、カシミヤや真珠を身につけてもいませんでした。モービック家は、ベルビューの未開発地域の少しだけ拓《ひら》けた小さな土地に建つ、今にも崩れそうな家に住んでいました。彼らの車はさびで腐食されたシェビー〔シボレーの口語的言い方〕のピックアップ〔無蓋小型トラック〕でした。シルビアが着ている型崩れした木綿の洋服は通信販売の安物で、足にはストッキングの代わりにくるぶしのあたりで丸めた男物の靴下と、そして、鰐《わに》皮のパンプスの代わりに履き古してかかとのすりへったローファーを履いていました。か細く、物静かで内気、うなだれているような肩、冬の寒さに打ちひしがれた草のように色艶のない髪と、そして、赤くなった鼻先から何度もずり落ちるスチール製の縁の眼鏡を通して近視的にのぞく青ざめた灰色の目、哀れなシルビアは彼女の四ドル九十七セントの洋服のように鈍く色褪せて見えました。エネルギッシュで、自信に満ちた仲間たちのなかで、彼女は輝かしいインコの群れに囲まれた汚れたスズメのようでした。さらに悪いことに、新しく入学した彼女の息子、トミーには遅れがありました。

身体的には、トミーはほかの四歳児と変わらない正常な子どもに見えました。彼は年齢の割には背が高く、体つきもしっかりしていて調和がとれていましたが、一言も話しませんでした。

トミーは金切り声を上げ、耳障りなかん高い叫び声を上げ、癇癪を起こしました。彼は教室で竜巻《たつまき》のように荒々しく動き回りました。手あたり次第に物をつかんでは投げ、掲示板に張ってある物は引き剝がし、また、ほかの子どもたちを蹴飛ばしたり、突き飛ばしたり、攻撃して嚙みついたりしました。食欲は貪欲なほどで、その食べ方はまったくひどいものでした。

マウンテン・ビュー・プリスクールの集まりは午後でした。子どもたちと母親たちはサンドイッチを持って正午に到着すると、座って、その日の活動を始める前になごやかな昼食をとりました。予定されていた四日目の訪問のために私が到着したときには、春学期はすでに三日間が経過していて、トミーも同じ日数出席していました。私はトミーとその母親のことが気がかりで、彼らに会うためにやってきました。新学期が始まって以来ずっとトミーについていろいろなことを聞かされ続けていたからでした。私は毎日昼過ぎから夜まで、憤った母親たちからトミーの悪行について報告する電話を受けていました。

「あの子は怪物です！」と彼女らは言いました。

「彼はスージーを積み木で叩きました！」

「彼は危険です。すべりだいからピーターを落としました」

「彼はエイミーとジェーソンに噛みつきました。きのうは先生にも噛みつこうとしました！」

「彼のお母さんはどうなのですか」と私は尋ねました。「モービック夫人はそのようなことが起きている間どうしているのですか」

新しく入った子どもの母親たちは最初の数日間は子どもたちと一緒に残っていることになっていましたから、シルビアもそこにいるにちがいないと私は思っていました。後に、実験教育ユニットのダウン症児たちのためのプログラムに採用したのと同じプランに従い、母親たちは週に一日だけ働くように計画されました。私の質問に応えて、女性たちは等しくシルビアに批判的でした。

「彼女はまったくどうしようもありません！」一人の母親は語気を荒げて言いました。

「彼女はどうにかしようとしているとは思います」ともう一人の母親は擁護して言いました。「彼女は彼を止めようとはしているのですが、あまりにすばやくて止められないのです」

「見たところ、彼女はほとんどわかってはいないのです」と彼女たちは皮肉っぽく言いました。

私は、グループが大きな低いテーブルのまわりにちょうど集まった昼食時に到着しました。私はプリスクール用の小さな椅子を引くと、シルビアの隣に座りました。食前の感謝の祈りを終えて、席についている子どもたちは皆、トミー以外は皆、それぞれピーナツバターとジェリーのサンドイッチの包みを行儀よく開きはじめました。トミーは、逃げ出そうとする彼を制止しようとしている母親に抵抗してぐずり、大騒ぎをしていました。

「彼は座りたがらないのです！」彼女はテーブルの下で脚を戻させようとしながらあえぐように言いました。「家でも決して座ろうとしません。食べるときに座らせることができないのです！」

私は立って、トミーの肩を手で押さえました。彼は金切り声で叫び出しました。シルビアはどうしようもなくなって、いそいで固ゆで卵の殻をむくと、それをトミーに与えました。トミーは卵をつかむとそれを丸ごと口に詰め込みました。この巨大な卵を口いっぱいにほおばったトミーは窒息しそうになって咳込み、テーブルの上一面に卵を吐き散らしました。母親たちが激しい嫌悪のまなざしを向けると、トミーはテーブルから跳ね上がり、部屋をものすごい勢いで横切ると、積み木の建物をなぎ倒しました。それは、別の少年が前の日の午後に苦心して念入りに構築したもので、先生がそのままにしておくと約束してくれたものでした。積み木が音を立てて床に崩れると、トミーは嬉しそうな叫び声を上げ、卵の混じったよだれをあごにしたたらせました。

トミーの行動を見て、一週間ずっと苦情を聞いた後では、プリスクールの校長から、その晩の「極めて重要性の高い」とする、緊急会合に出席するようにという召喚を受けても驚きはしませんでした。会合が開かれた家に行くと、教師を含めたメンバーの全員が出席しているのがわかりました。明らかに、シルビア・モービックだけが欠席していました。彼女は招かれていませんでした。私が推測したように、会合の目的は、トミーに対する苦情を出し合い、投票によって彼と彼の母親をグループから追い出すかどうか決めることでした。しかしながら、票がとられる前に、私は彼らに代わって人の理性に訴えるような嘆願をしました。

私が主張するプリスクールの目的は、子どもの管理のための技法を親たちに教え、社会的に適切な行動を子どもたちが学ぶように援助することにありました。私は教師やほかの母親たちにシルビアとトミーを助けるように呼びかけました。私はトミーのための一セットのルールと限界について概説し、彼の問題行動に対処するための方法を示唆しました。最終的には、教師と大半の女性たちが私を支持してくれることになり、私はほっとしました。試験的にあと二週間、トミーが学校に残ることを認めてみようということが決定されました。私は、トミーの状態を注意深く観察し、概説した方法を教師たちが開始する援助をするために、この試験期間中は毎日マウンテン・ビューに来ることができるように、私のケアのもとにあるほかの四校に訪問するスケジュールを組み直してみようとグループに話しました。

会合は週の最後のクラスのある木曜日に開催されました。その週末に私はシルビアに電話して、トミーがプリスクールの経験を通して、指示に従うことやクラスのルールを守ることを学ばなければならないであろうという利益を得られるように、できるだけ優しく彼女に話しました。口数は少なかったものの、シルビアは私の提案を快く受け入れたようでした。いずれにしても、次の月曜日には午後のセッションがさいさき良く始まりました。私たちの計画に従って、シルビアは昼食が済むまでトミーを学校には連れてきませんでした。いよいよ到着したときのシルビアは、これまでよりリラックスしているように見えました。そしてトミーも、サンドイッチの屑を顔につけ、やはりこれまでより扱いやすいように見えたのでした。

それにもかかわらず、どんなささいな問題の気配も見逃さないように、その日はずっと、トミーから目を離さないようにしていました。二回、すばやい対応で、私は混乱を未然に防ぐことができました。一回目はトミーが自分より小さな子どもを床に突き飛ばしそうになったときで、もう一回は木工用のベンチからハンマーをひったくり、それを窓から放り投げようとしたときでした。

子どもたちが外に遊びに行く時間がきて、教師は私にステファンを部屋に残してもよいか尋ねました。ステファンは赤毛の素直な少年で、ようやく風邪が治ったとは言うものの、まだ戸外で元気に遊ぶほどには回復していませんでした。私は快く賛成すると、トミーと彼の母親も私と一緒に部屋にいるように話しました。

「これはステファンとトミーが親しくなる良い機会です」私は、その教師、ロイス先生に言いました。

私が二人の少年たちを積み木コーナーに連れて行き、私の横に座らせると、シルビアも同じように床に座りました。ステファンはすぐに積み木を積み上げはじめると、タワーを作りました。私は積み木をひとつつまみあげると、それをトミーの手の上に置きました。そして、ステファンが作ったものの上にどうしたらトミーも積み木を積み上げていくことができるか示しました。ステファンが積み木をひとつ積むたびに、私はトミーにも積み木をひとつ手渡し、トミーがその積み木を正しく積めるまで彼の手に私の手を添えて導きました。

「トミー、じょうずよ。そんな風にしてごらんなさい。ほら、もうひとつ。あなたとステファンは大きなタワーを作っています」

それでも、トミーがステファンを叩いたり、積み木を投げたり、積み上げたものを崩したりしないように、トミーのどんな動きも断固として阻止できるように、私は油断しないように絶えず警戒していました。数分が経過して、トミーとステファンは遊びを続けていました。トミーは、私が実際に彼の手のなかに積み木を落とす前に積み木に手を伸ばして、私の行為を予期しはじめているようにさえ思えました。私の右側に静かに座っていたシルビアが何か言いました。私は振り向きました。耳をつんざくような泣き声が部屋の静けさを破りました。私が目をそらしたほんの一瞬の間に、トミーはステファンの腕に噛みついたのでした。シルビアは、私が対処するよりも早くトミーの腕をつかむと、血が出るほど強く彼の腕に噛みつき返しました。トミーは泣きわめき、シルビアは、ヒステリー発作でも起こしたように鋭い叫び声をあげ、頭をかかえて床に倒れました。

恐ろしい悲鳴を聞いて、教師や母親たち、そして子どもたちが急いで部屋に入ってくると、そこに、泣き叫ぶ二人の少年と取り乱してむせび泣く女性を扱いかねている、彼らの尊敬する指導者であり、「専門家」の私がいたのでした。私が西部劇の映画に出てくる保安官だったら、私はバッジを返していたところでしょう！　それから、動揺した母親たちと子どもたちは私たちのまわりに群がり、シルビアは両手をついて急いで立ち上がるとトミーをひっつかんで部屋から逃げ出しました。私はステファンをロイス先生に手渡して彼女の後を追いました。

トミーはすでにトラックのなかにいて、チョコレート・クッキーのパッケージを歯で開けようとしていました。シルビアは運転席にいて、ドアをバタンと閉めようとしているところでした。

私は彼女の腕に手をかけました。「シルビア、待って」

彼女はその手を払いのけるようにぐいと腕を引きました。「私は戻りません！」

「わかります」

「みんなトミーを嫌ってるのよ！」そう言うと、彼女は涙の跡のついた眼鏡を洋服のへりで拭きはじめました。

「みんなは、トミーのことを嫌っているわけではないのです。ただ……、その……、トミーには……、あー……、問題があるのです」

彼女はぼんやりと私を見ました。私はふと、もしかしたらシルビア自身にも何らかの遅れがあるのではないか、それとも単純に、挫折感や絶望、そして、生活すべてに打ちのめされているせいでそんな印象を与えたのか、よくわからなくなってしまいました。事実、もしも先刻の彼女のヒステリーが何らかの兆候であったのなら、彼女が情緒的崩壊寸前であったとしても無理からぬことでした。

「トミーはこの学校に入学する準備ができていないのかもしれません」私は続けました。「彼にとっては刺激が多すぎて、興奮しすぎてしまうのかもしれません」

シルビアは微かにうなずきながら、私の言葉を聞いていました。

「あなたもいままでこう考えたことがありますか。トミーが少し……」私は躊躇《ちゅうちょ》しましたが、言わなければなりませんでした。「遅れていると？」

彼女は私を見つめました。彼女の灰色の目は、水のなかの小石のように奇妙に大きくなりました。

「私は……私は彼が……ただ……あの……乱暴なのだと、思っていました」

「まさしく、そういうことなのです。子どもがそんなに乱暴なのは正常ではないのです」私は彼女に言いました。

シルビアは応えませんでした。

「家ではあなたはどのように対応しているのですか」私は尋ねました。

「〔囲い枠付きの〕ベビーベッドのなかにいます」

「ずっとですか」

「大体は」

「彼はどうしていますか。そこから出ようとはしないのですか」

「いいえ、ベッドの上で跳びはねているだけです。すでにマットレスを三枚もだめにしました」

「おもちゃはないのですか」

「壊してしまいます」次の瞬間、涙の溢れそうな彼女の目が私の目と合いました。「どうしてあの子はあんな風なのでしょう。あんなに乱暴なのでしょう」

私は悲しそうに頭を振ってこう言いました。「わかりません」

私は、家族生活プログラムで働くようになってからの八年間にこれほど大きな問題行動を抱えている子どもに遭遇したことはなく、トミーが初めてだったということや、精神遅滞についても、このような異常行動の原因やどうしたらこうした子どもたちを助けることができるのかについても、まったく何も知らなかったということを認めることができなかったということなどについては付け加えませんでした。トミーのことを今思い返すと、私は彼が自閉的な脳障害で、おそらく難聴もあったのではないかと疑います。いずれにしても、今私が知っていることから考えれば、トミーには脳検査のための神経科医、聴覚検査のための聴覚機能訓練士〔audiologist：聴覚機能が障害されて意思疎通が困難な人たちに対して、評価、生活指導、機能訓練などを行う専門家〕、そして、知的発達評価のための心理学者を照会するべきだったのだと思います。そうしていたなら、今ごろトミーは、知的には正常または正常に近い発達をしていたかもしれないと思うのです。脳障害と高度難聴なら、トミーの攻撃的な多動性や言葉の欠如については確かに納得できます。

今では、私がまったくの無知であったために、トミーと彼の母親に、彼らが必要としていた援助のすべてを与えることができなかったということが悔《くや》まれます。とはいえ、そのときであっても、トミーを隔離されたベビーベッドに戻させてはいけないということについては充分に理解していました。このような隔離によってもたらされるものは精神疾患ぐらいのもので、間違いなく、トミーの乱暴で反社会的傾向はすでに増幅されていたのでした。トミーにはおもちゃや物の適切な扱い方を学ぶ必要がありました。彼はほかの子どもたちとの関わり方を示してもらう必要がありました。彼には多くの積極的で豊かな経験が必要でした。彼が学校で野生動物のような行動をしていても不思議ではなかったのです。実際、彼のベビーベッドは檻《おり》も同然だったのです。

シルビアは虐待する母親ではありませんでした。私は、彼女がトミーに噛みついたときの絶望的な攻撃はたった一回の出来事で、それは、耐え難い挫折感と、彼がグループから受け入れられるようにという切羽詰《せっぱつ》まった果ての行動であったにちがいないと信じています。それ以前に虐待があったという証拠もありませんでした。トミーは明らかに栄養満点でした。彼の身につけていたものは貰《もら》い物のようでしたが、それらは清潔でそれなりに考えて選ばれていたように見えました。彼の身体には虐待を物語るようなあざなどありませんでした。彼の手に負えない行動を管理するためにやむにやまれずシルビアがとった方法だったのです。シルビアは虐待をするような親ではありませんでしたが、トミーを扱うためにとった方法は彼をベッドに監禁する方法で、事実上は虐待とみなされるような方法だったのでした。それは道徳的に間違っていて、危険をはらんでいました。トミーが大きくなるにつれてさらに扱いにくくなると、シルビアが頼れるのは恐ろしい暴力行為しかないであろうことが予測できました。

私はトミーをちらっと見ました。彼はシャツ一面にクッキーのかけらをこぼしながら最後の一枚をほおばっているところでした。シルビアはしわくちゃになったティッシュペーパーを口で湿らせ、彼のチョコレートのついた頬をそっと拭きました。私の心はトミーと彼の母親に対する深い哀れみでいっぱいになりました。再び私は彼女の腕に手をかけました。このときは彼女は腕を引っ込めたりしませんでした。

「トミーのことはあきらめるつもりはありません」私は彼女に言いました。「彼にはグループの経験が必要です……でも、普通のプリスクールではなくて、おそらく別の……何ができるか考えてみましょう。何かできることがわかったらすぐにお電話します」

私は運転席のドアを閉めました。シルビアはエンジンをかけました。モーターが音をたて、トラックはブルブル振動するとやがてガタガタと動きはじめ、駐車場から出て行きました。私は見送りながら、心のなかで計画を練っていました。次の瞬間、ある考えが浮かび、それはすぐに確固としたものになりました。私は特別なニーズをもった子どもたちのためのペアレント・コオペラティブ・プリスクールを組織しようと思い立ったのでした。そして、私は実行しました。

第3章　移　行

ハンディキャップのある子どもたちのためのプリスクールはトミーを含めて六人の生徒で始まりました。この新しいグループの親たちは、私がローカル紙に掲載した通知を見てやってきました。これらの家族は、モービック家のように、ベルビューの僻地からやってきたつましい生活をしている勤勉な人びとで、子どもたちのことで困っていました。私たちの最初のミーティングには裕福なカップルが一組も来ていなかったことで、彼らには遅れのある子どもたちがいないように見えますが、これは、裕福な家庭の発達遅滞児たちの多くが私立の学校に通っていたためです。

私たちの新しく作ったプリスクールにその六家族を迎え入れるとすぐに、低所得の親たちのこのような小さなグループは教室のスペースの賃貸料はおろか教師の給料も賄えないということが明らかになりました。私がいくつかの照会をしたところ、ありがたいことに、ベルビューの忠実ルター教会から週に一日無償で彼らの幼稚園の部屋を使用させてもらえるという支援を受けられることになりまし

ました。

私たちには教師が必要でしたので、私が金曜日の朝のクラスをボランティアで指導することにした。トミーが最初に通ったマウンテン・ビュー・プリスクールは午後の集まりでしたし、私が受け持っていた残りの四グループは朝のセッションを開いていましたから、最初から私の訪問は四日間ですべて行われることになっていました。このようなスケジュールのおかげで、私はハンディキャップのある子どもたちのプリスクールのために金曜日を自由に使えることになりました。

私のはなはだしい無経験のために、こうした人びとを集めて子どもたちにプログラムを提供するなどということは、疑いもなく無謀で思い上がったことか、もしくは、まったく生意気なことでした。おそらく、私の行為はそれ以上のものがなかったという理由で正当化されるでしょう。一九五八年の公立学校は、いわゆる「訓練可能な遅滞児たち」のためにプログラムを提供していませんでした。子どもたちは、アカデミックなカリキュラムからは何も得ることができないと信じられていたのでした。これらの子どもたちは大きくなると、福祉作業所に措置されるか、さもなければ、施設に収容されるか、または家庭にいるだけで、訓練を受けたり、仲間たちと社会的に接触する機会などは与えられていませんでした。

こうした処遇は重度・最重度のハンディキャップのある人たちにも適用されました。こうした子どもたちは身体的・精神的に重度に障害されているために多くが寝たきりで、ほとんど自分たちの置かれた状況を理解することなく一生を過ごしていました。こうした子どもたちの多くは盲目で難聴でした。彼らの極度の絶望と世話をすることによる家族の耐え難い重荷のために、こうした最重度に冒された幼い子どもたちのほとんどは生まれて間もなく施設に収容されました。それにもかかわらず、勇敢にも子どもを家庭で世話し続ける親たちもいました。幼い息子バーニーをハンディキャップのある子どもたちのためのプリスクールに入学させたニールソン夫妻はそのような親たちでした。

五歳のバーニーは歩くことも話すこともできませんでした。彼は痩せ細って、髪はほとんどが白髪で、しなびたような小さな顔と、巨大な矢車草のような青い目をした小さな子どもでした。彼の虚弱な身体は、希釈されたスキムミルクのような青白い薄い層にかろうじて覆われた骸骨のようでした。彼の腕は小枝のようで、貧弱で役に立たない彼の両足はしおれた枝が交叉しているように堅く固定されていました。外観よりもさらに悲しいのは彼の泣き声でした。バーニーは力なく、哀れっぽく、涙も流さずに訴えるような声で、逃れようのない耐え難い痛みを無限に嘆くように、絶えず泣き続けました。揺すってあげることが助けになりました。そこで、バーニーの母親は一時間ごとに彼を抱いて揺すってあげました。

彼らが学校に来たときには、彼女からこの重荷を取り除きました。バーニーを私の腕に受け取り、彼を抱いて、踊るように揺らしながら部屋のなかをまわりました。チャイコフスキーの軽快な「花のワルツ」の音楽に合わせて私たちはぐるぐるまわりました。このダンスはバーニーをなだめ、彼が静かになるにしたがって、血の気のない唇は微笑んでいるように開きました。

残りの五人の生徒たちのなかでは、トミーが最年少で最も遅れていました。そのほかの少年たちは六歳から十二歳で、発達に遅れがあるものの、基本的には静かで物わかりのよい子どもたちでした。グループには女の子は一人もいませんでした。統計的に精神遅滞の人たちの総人口においては男性のほうが女性よりも多く示されていましたから、私は驚きませんでした。

私は控えめで緩やかなプログラムを行いました。子どもたちは水遊びや砂遊び、そして、粘土遊びをしたり、クレヨンやイーゼル絵の具でよく遊びました。ストーリー・タイム〔読み聞かせの時間〕や、母親たちと子どもたちが一緒に座ってジュースやクラッカーを楽しむ社交の時間もありました。歌ったり、行進したり、踊ったりというように、音楽をたくさん取り入れました。

六人の母親たちは、毎週金曜日の朝に子どもたちを連れてくると、交代でプログラムの運営を助けてはいましたが、子どもたちの不断の世話から少なくともわずかな時間でも解放され、傍観者として観察したり、母親同士で話し合ったりするための良い機会がたくさんありました。私は、母親や子どもたちがこの小休止から一様に利益を得ていたと確信していました。私はまた、この女性たちが、自分の子どもたちとつき合い、子どもたちを自分たちの手で育て続けるための新しい方法を学ぶことを期待していました。

全体としては、みんなにとって幸せな経験であったように見えました。トミーでさえ、あいかわらず注意深い監督は必要でしたが、マウンテン・ビューにいたときのような恐るべき存在ではなくなりました。しかしながら、彼は洋服を着たまま水遊び用のテーブルにのぼって、その水のなかにおしっこをしたことが一度ありました。また、便器のなかにトイレットペーパーをまるごと突っ込んで流したこともありました。床に水が溢れ出すと、彼は狂喜して金切り声で叫びながら跳びまわりました。それでも、以前の行動から比べれば、これらはささいなことで、特別な出来事でした。

何週間かが無事に過ぎて六月になり、学校は夏休みに入りました。そして九月になると、ハンディキャップのある子どもたちのためのプリスクールは、家族生活ネットワークのなかに完全に確立されたプログラムとして華々しく再開されました。クラスは新しい場所で再び始まりました。今度は、私の監督のもとに通常のプリスクールの場所と設備を使って始まりました。十三人の子どもたちが入学したことで、授業料で充分に教室の賃貸料や教師の給料を賄うことができるようになりました。朝の典型的な就学前児たちのグループを教えていた同じ教師が、障害をもった子どもたちの午後のクラスも教えてくれることになりました。どちらのグループも週に三回集まりました。

発達に遅れのある子どもたちのためのプリスクールが再開したときに入学した子どもたちの年齢層は三歳から八歳で、バーニーのように重度の問題をもった子どもはひとりもいませんでした。かわいそうなバーニーは大きな発作を起こしてその年の夏に亡くなりました。トミーも欠席していました。

夏休みに入ってから何日かして、私はシルビアに電話をしました。シルビアは、夫を説得してトミーが遊ぶことができるように、戸外の場所に柵を作ってもらったので、トミーをベビーベッドなどにはもう入れてはいないと話しましたが、私はその少年のことがまだ気がかりでした。私は、シルビアにはまだかなりの支援と指導が必要だと思っていました。

「トミーはどうしていますか」私は尋ねました。

「行ってしまったわ」彼女は言いました。私の手は受話器を握りしめました。「行ってしまった！　どういうことなのですか。彼はどこにいるのですか。何が起きたのですか」

「トミーはもうここにはいません」

そう言うと、シルビアは無気力な、話したくない様子で、トミーは、彼のような子どもたちを世話したことのある婦人のいる家庭に里子に出されたと言いました。私は呆然として話すこともできないくらいでした。

「どのように……いつ……」私は吐き出すように言いました。

「ポールのママがその女の人のことをおしえてくれたんです。ポールはその人のところにときどき泊まるって……」彼女の声はだんだん小さくなりました。

ポールはトミーのクラスメートの一人でした。私はシルビアが彼の母親と話しているのを見たことがありました。シルビアは私を驚かせました。彼女はとても決断力や行動力のある人には見えませんでしたが、それでも私は、彼女が時には決定的な行為に走ったり、ふいに自暴自棄になるかもしれないということを知りました。私はこの決定がシルビアに救いをもたらしたに違いないと感じて、この措置がトミーにとって有益なものであると信じようとしました。それでも、私はもっと知りたがっていました。きっと、もっと安心したかったのだと思います。本当は、たぶん私は、シルビアと彼女の夫が私に何も相談してくれなかったことにがっかりし、傷つきさえしたのだと思います。シルビアは、私が、彼女のしようとしていることを非難したり、思いとどまらせたりするとでも思ったのでしょうか。私はあわてて、彼女を安心させました。障害児の親たちは、私が彼らに重荷を追加しなくても、すでに充分な罪悪感を感じているのだということを学びました。

「あなたはきっと正しいことをしたのだと思います」私は彼女に言いました。「トミーは難しい子どもです。その里親が彼のことを助けることができるかもしれません」

「私は……私はトミーを愛しているわ……私は……ただ、疲れてしまって……」彼女の声は震え、泣き出しそうでした。「私たちは……ほかにどうしようもなかったんです」

瞬間、わずかに、シルビアは、トミーに嚙みついた日のように自分自身をあらわしましたが、次の瞬間には、また自己防衛的なけだるさのベールで覆ってしまいました。

「もう、行かなくちゃ……」彼女はそうつぶやくと電話を切りました。

その後再びシルビアと話すことはなく、私にはトミーがそれからどうなったのかわかりませんが、多くのほかの子どもたちのように、私は今も彼のことを思い出すのです。

第4章　州立学校

次の六年間は、風に舞う木の葉のように早く過ぎていきました。障害をもつ子どもたちのための学校は、いつも入学希望者でいっぱいでした。私は、もはや初めの頃のような熱心さで打ち込んではいませんでしたが、典型的に発達している子どもたちのための五つのプリスクールは私の監督のもとにあり続けました。

家では、私の子どもたちも成長し、やがて巣立ちのときを迎えようとしていました。一九六〇年には、娘のキャシーが、セラミック・エンジニアの大学の博士課程にいる学生と結婚しました。三年後には、マイクがワシントン大学の一年生となり、末息子のアレックスはニューポート高校に入学しました。田舎での生活はいつも楽しく満ち足りていました。家の庭ではレンギョウやシャクナゲの花が咲いてました。夏や秋には、私たちは庭の木々からサクランボやスモモ、そしてリンゴをとりました。老犬リップや、二匹の猫、そして、元気で人好きのするクォーターホース（1/4マイル・レース用に改良された強壮な馬」のペギーがいることも幸福感を増すものでした。ワシントン湖に浮かぶ小船のように、私の私生活も、仕事も水平を保ちながら、すべるように進んで行きました。私は満足すべきでした。けれど、次第に落ち着きを失っていきました。

ひとつには、発達に遅れのある子どもたちのプリスクールでの自分の役割に、私が不満を抱いていたことでした。私は誠意をもってそのグループを訪問し、精一杯援助していましたが、私との接点が徐々に表面的なものになっていくのを感じていました。おそらく、これは、文献や観察を通して私が精神遅滞についてより多くのことを学ぶにつれて、自分の力量不足をますます意識するようになっていたからです。私は、障害をもつ子どもたちのための最初のプリスクールを組織した頃の熱心な自発性をなくしていました。私は以前と同じように深く子どもたちの世話をしていましたが、私の現在の能力は、子どもたちやその親たちが本当の進歩を遂げるために必要な援助を与えるには不充分であるということを実感していたのでした。

一九六三年、ついに待ちこがれていたエバーグリーン・ポイント・ブリッジが完成しました。シアトルと大学へはこれで三十分もかからなくなりました。私は、いつものようにてきぱきと結論を出していました。

「学校に戻ることにしたわ」私は家族に宣言しました。「私は特別教育で修士号を取るつもりなの」

私が学ぼうとしていた特別教育は、特別なニーズをもつ子どもたちのためにデザインされたひとつのサービスであるだけでなく、ひとつの学問分野です。こうした子どもたちは、身体的または知的に平均的とは異なるという程度から、大多数の学齢児たちのために設けられたプログラムでは最大限の進歩を遂げることができないという程度までの子どもたちのことです。知的障害、視覚障害、聴覚障害、情緒障害のある子どもたちはもちろんのこと、優れた才能のある子どもたちや、社会的不適応の子どもたちも身体障害や慢性疾患をもつ子どもたちと同様に特別教育の必要な例外的な子どもたちです。

このような広い範囲の例外に応えるために、特別教育のサービスは三つの要素から構成されています。その第一は、特定のカテゴリーの例外性に対応するために訓練された専門家です。たとえば、教師は、優れた才能のある子どもや聴覚障害児、あるいは、私のように、知的障害児たちの指導をするために訓練されます。専門職には、教師の指導者、コンサルタント、行政官、理学療法士や言語療法士なども含まれます。特別教育の第二の構成要素はカリキュラムの内容です。典型的に発達している子どもたちに適した教室の教材は、障害のある子どもたちにとっては難しすぎるし、才能のある子どもたちにとっては初歩的すぎるので、カリキュラムの修正が必要なのです。

特別教育の第三の要素は、設備に焦点を合わせています。これには、スロープやトイレの設備のように建物の特別な構造が含まれます。補聴器や、大きく印刷された本、拡大鏡や点字、才能のある子どもたちのための専門書、遅れのある子どもたちのための、語彙が少なくて興味をそそるような本などもまた、この第三の要素の一部です。

私が自分の意志を宣言したときには、特別教育についてぼんやりとした考えしかありませんでしたが、それは問題ではありませんでした。私は決心していたので、期待でわくわくしていました。私にはこれまでの自分に決別して、新しい方向をさがし求める準備ができていました。

小鳥たちは目覚めの歌を歌い、太陽は、輝く淡紅色に空を染め上げ、カスケード山脈の頂に達していました。それは一九六四年六月のことでした。よく晴れた朝が完璧な一日を約束していました。私がスーツケースを持って家を出たとき、夫のニックと息子たちはまだ眠っていました。あくびをし、伸びをしながら、犬小屋から出てきたリップが、こんなに早く私が出てきたことに驚いたのは言うまでもありません。尾を上げ、つま先をクエスチョン・マークのように曲げて、猫たちはしなやかな体を私の脚にこすりつけようと芝生の上をはずみながらやってきました。ペギーはいななき、牧場の柵に向かって速足でやってきました。私はスーツケースを下ろし、動物たちをなでてやり、それぞれに、ドッグ・ビスケット、キャット・キブル、ペギーには納屋から鍋一杯のオート麦のごちそうを与えました。五日間は彼らに会えません。私は荷物をフクシア色〔あざやかな赤紫色〕のランブラーに積み込みました。その車は、特にその色を気に入っていた友人から譲り受けたものでした。そして、カーポートから車を出し、左に曲がると、南へと向かいました。大学院へ、いざ出発！

私はワシントン州バックレーにあるレィニエー州立大学へと向かっていました。そこはベルビューから八十五マイル〔約一三七キロメートル〕南のレィニエー山脈の麓《ふもと》に近い小さな農業地域でした。その年の初め、私は「家族生活」の仕事を辞して、効率よく春学期を終えると、大学院の入学を申し込みました。大学院からの合格通知を受け取るとすぐに、私は、「精神遅滞の教育」と「精神遅滞の心理」という、特別教育における私の最初の二コースの届け出をしました。これらは、レィニエー州立学校で行われる夏期コースでした。

クラスは六週間通して行われ、この間、ワークショップの参加者は自宅から通うか寮に入るか選択することができました。私は、キャンパスに残り、週末毎に家に帰ることに決めたのでした。

私は、自由と冒険のわくわくするような素晴らしい感覚に酔いしれて、目的地へと車を走らせていました。二十五年間の結婚生活で初めて、自分自身の道を歩んでいました。大学を卒業してすぐに結婚し、私は今まで一度も一人で住んだことも、ひとりで長い旅に出たこともありませんでした。最近になって、学びたい、新しい知識を得たいという身を焦がすほどの思いが湧き起こり、そして今、私はその喜びに向かって旅立ったのでした。

レィニエー州立学校は大学のキャンパスのようでした。スペイン建築を思わせるような赤い屋根に白い漆喰の二階建ての建物が明るい緑の芝生の向こうに広がっていました。これらの芸術的な建物のなかではほとんど目立ちませんが、入りきれない人たちを収容するためか、運動場のあちこちに、まるで携帯用器具のように、バラックのような木造の建物が点在していました。広いアスファルトの通りがその運動場と交叉し、木々や灌木、そして、そのときはちょうどマリーゴールドやペチュニア、パンジーが歩道を縁取っていました。また、キャンパスの三方は牧場と耕作地に隣接していました。

私は、車を事務所の建物の前に停めて外へ出ました。誰もいませんでした。キャンパスや建物は、魔法をかけられた王国のように人の気配がなく、不気味なくらい静かに思えました。レィニエー山脈の頂をかすめて通る小さな白い雲のかたまりが、太陽を横切るようにちりぢりに浮いていました。一瞬、寒気がしました。もう七時半近くでした。授業は八時に始まるはずなのに、みんなはどこいるのかしら。それから、事務所のホールの方へ行ってみると、玄関に通じる道を車が二台やってきました。それを確認して、私は建物に入り、登録デスクをさがしました。

地図と鍵を腕に、正式に登録を済ませると興奮と冒険心が再び湧き起こり、私は少し離れた寮まで、メイン・アベニューに沿って車を走らせました。それは、キャンパスにそびえていたりっぱな建物の完全な複製である、白い漆喰の建物でした。私は、再び車を停めて、荷物を抱え、階段を五段昇り、重い二重扉の片方を引いて開けました。私は戸口で立ち止まり、うろたえました。暗く、からっぽの巨大な廊下が、小道のように長く、細く私の前に伸びていました。暗いオークの床と、そして同じように暗い肩の高さの羽目板が、私の方向感覚を失わせ、閉所恐怖症を起こさせました。やがて、その暗がりに目が慣れるにつれ、廊下の両側に番号のついたドアが並んでいるのが識別できました。番号をたどりながら、最初の通路にT字でつながっているふたつめの通路の中程に、私が与えられた番号の部屋を発見しました。ふたつめの廊下は、ひとつめの廊下よりも短く、陰気でもありませんでした。両側の格子窓から射し込む光が、薄暗がりを照らしていました。私は鍵穴に鍵を差し込み、硬いオークのドアを押しました。ドアは抵抗するようにギイーッと音をたてました。ドアの向こうに何を見つけることになるのだろうと、身震いしそうでした。

私は、簡素だけれど、きれいで明るく、気持ちの良い小さな部屋を見つけました。牧場を見渡す大きな窓。栈はありませんでした。机と椅子、たんすと、白いシーツのかかった簡易ベッド、小さなクローゼットと、必要な物がすべて備わった浴槽のあるバスルームがありました。時間を無駄にしないように、私は荷物を出し、洋服を掛け、ノートと何本かの鉛筆、そしてペンをつかむと最初の授業へと急ぎました。もうすぐ八時になろうとしていました。

目的地に向かいながら、私は、運動場がもうひっそりとはしていないことに気づきました。そのほとんどがダウン症の青年男女である、たくさんの居住者たちが庭仕事をしようとして動きまわっていました。

授業は低い木造の建物のひとつで行われました。私たちの主任教授は、ウェスタン・ワシントン大学から来ていた*バーバラ・エツェル博士でした。彼女は非常に魅力的な女性で、美しく手入れされた髪型はよく似合っていて、上品な洋服を数限りなく持っているように思われました。事実、私は、彼女が同じ服を二度着ていたことなど思い出せません。私にとっては、彼女の魅力と上品さはそれほど重要なことではありませんでしたが、それと同じように彼女が素晴らしい教師であったということはとても重要なことでした。彼女の講義は、彼女のマニキュアを塗った爪のようにきれいに磨かれており、彼女の洋服と同じように注意深くコーディネートされていました。正確で系統だてられた彼女の講義は、献身的で影響力のある教育者の暖かさと自発性、真の情熱を保持していました。私は完全に魅了されていました。これこそ、私の求めていたものでした。

私たちのクラスにはおよそ三十人の生徒たちがいました。私以外は皆、公立学校の教師たちで、義務として取らなければならない追加単位のためにこのコースを取っていました。参加者のうちの何人かは、軽い遅れのある学齢児たちを指導している特別教育の教師たちでした。そのほかは、愉快な取り巻きたちのなかで簡単な単位を得ようと思っている公立普通学校の教師たちでした。すぐに、私は障害をもつ幼い子どもたちに関心のある人や、大学院に入学した人は一人もいないということに気づきました。そして、参加者の大多数は地元の学校区から来ていて、車で来るには適度な距離のところに住んでいて、実際、寮に滞在することを選んだ者は誰もいないということもわかりました。少数の人は本当に勉強することより楽しむことに余念がないように思われました。彼らは、その日の授業が終わるとすぐに、近くのパブへ飲みに行ってしまいました。これは、少しも私を悩ませはしませんでした。それどころか、邪魔されずに、本を読んだり勉強したりできる時間を持つことができて喜んでいました。

大体は午後ばかりでなく午前も授業がありました。けれど、初日は、昼食の後で再び集合する代わりに、私たちは小グループに分けられ、学校ツアーに出かけました。私たちが入った最初の建物には、寮で私が遭遇したのと同じように長く暗い廊下がありました。廊下の突き当たりで私たちのガイドはドアを開けました。

「ここはデイ・ルームです」と彼女は言いました。

それは、だだっぴろく、がらんとした、暗い木の床と同じく暗い羽目板張りの長方形の部屋でした。部屋の両側の端から端まで伸びている二つの木製のベンチのほかには、家具は何もありませんでした。片側の壁についている、天井のすぐ下の金網で覆われた一連の狭い窓は、薄暗さを和らげてはいませんでした。青年期の少女が一人、ベンチのひとつに腰掛けており、彼女の頭は、ドアの上の壁に掛けられた白黒の小さなテレビの方に向けられていました。それは明らかに古いもので、うまく機能していませんでした。画面は雪が降ってるようにちらついて、かろうじて見える状態でした。

私はガイドの方をちらっと見て言いました。「何にもないのですね」

彼女は肩をすくめました。「そうしておかないと。彼らはとても破壊的ですからね」

「でも、彼らはここで何ができるのですか」

「座ってテレビを見ます」と、申し訳なさそうにかすかに微笑んで、また、肩をすくめました。

「見かけほど悪くはないんですよ。さあ、もっと小さな子どもたちを見に行きましょう」

ガイドは、低い木造建築の片側の、フェンスに囲まれた場所を指さしました。

「あそこは遊び場です」

私はおもちゃやブランコを期待しながら、石壁に近づいて行きましたが、そこで私が見たものは、小さな子どもたちで溢れんばかりになっている、広く荒れ果てた埃っぽい構内の庭だけでした。子どもたちは群がり、地面に座り、指で土を掘り、小石や岩石の破片を拾い上げていました。何人かは、わずかに残るひとかたまりの雑草を力一杯引っ張っていました。まるで檻のなかの小動物たちのようでした。子どもたちは顔を上げて私を見ました。私は微笑みました。彼らは乱暴に押したり突いたりしながら前の方に押し寄せ、フェンスの周囲に群がってくると、私の指をつかんだり袖を引っ張ったりしました。またしても、動物園で訪れる人から餌をもらおうとする仔やぎや仔じかのように思えてきました。私は彼らにあげる物は何も、まったく何も持っていませんでした。彼らの汚れた頰をなでたり、もつれた髪を少し直してあげたりしているうちに、移動する時間になりました。私はまばたきで涙をこらえ、黙ってリーダーについていきました。

別の建物の、もうひとつのデイ・ルーム。今度は、男性たちの居住棟の一室でした。同じ木のベンチが壁に沿って置いてありました。同じように、手の届かない金網で覆われた窓がその場所にかすかな光を投げかけていました。しかし、床はコンクリートで、部屋の中央の排水溝に向かって、わずかに傾斜していました。ベンチには誰もいませんでしたが、床は男たちでいっぱいでした。若く背筋がまっすぐな男たちや、白髪で体が曲がった男たちもいました。まるで男たちの森のようでした。木のように立ちつくす男たちや、これまた木のように恍惚としたリズムで揺れ動いている男たちもいました。彼らは素足にスリッパを履き、ナチスの死のキャンプを思わせるパジャマのような洋服を着ていました。男たちのなかには、失禁して、ズボンの前をシミで黒くしている者もいました。コンクリートの床と排水溝はそういう理由《わけ》だったのだとわかりました。私たちは部屋には入らず、開いたドアから順番になかをのぞき込み、そして離れて行きました。次は何なの？　そう思いながら、私は恐怖で身震いしました。

次にやってきたところは女性たちの部屋で、これもまた別のデイ・ルームでした。ここにも、むき出しの床と、金網で覆われた窓、そして、木のベンチがありました。男たちと違い、女たちは寒い日の椋鳥《むくどり》のように、ベンチに溢れんばかりに群がり合っていました。部屋の中央はからっぽでした。私たちはなかに入り、ぞろぞろと反対側のドアまで進んでいきました。女たちはそれぞれ自分自身に閉じこもり、私たちに注意を向ける者はいませんでした。私は仲間たちの後について、ゆっくりと歩いていきました。そして、私は彼女を見ました。短い茶色の髪と可愛らしい顔をした若い女性でした。彼女は、後ろの壁に寄り掛からせるように置いてあるベンチの隅に自分自身を追いやっていました。彼女は足を引き上げ、両腕で膝を抱え込んで座り、銅像のように無表情で、そして、細い首のまわりをネックレスのように守っている、ラベンダーの花柄の小さな丸襟を除けば、何も身につけておらず、まるっきりの裸でした。ベンチの上や彼女の足下の床の上には細かくちぎられた布のネズミの巣のようなものがあり、それらはすべて彼女の服の残骸でした。それらのすべてを見て、私は、この若い女性が隅っこに座り、何時間も、疲れも知らずにせっせと洋服を引き裂いている姿を思い描き、彼女の美しさとむき出しの傷つきやすさに深く胸を打たれていました。

私は以前にもこのような自分の洋服を引き裂く行為を目撃したことがありました。障害をもつ子どもたちの学校を監督していた頃、それまで会ったことのない情緒障害の娘を持つ女性を訪問しました。少女は九歳か十歳くらいでした。いくらか内気であるという点を除けば、彼女は正常に見えました。私は、彼女がジーンズとセーターの上にエプロンをつけていることに気づきました。レオン夫人と私が腰を下ろして話している間、リサは部屋の向こう側に椅子を持っていき、エプロンの縁を弄《もてあそ》びはじめました。数分後に私がその子どもを見たときには、彼女はエプロンの角を引きちぎって、ごく小さな切れ端にしていました。話が終わる頃には、そのエプロンは完全に破壊されていました。

「そんなわけで、私は娘にエプロンを着せているんです」と、レオン夫人は私の無言の質問に応えて説明しました。「そうしないと、娘は洋服を引き裂いてしまうし、そうなると修復はもっと大変ですから」

私たちはさらに別の建物に連れて行かれました。ガイドは「病院」と言いました。私たちは階段を昇り、明るい中くらいのサイズの部屋に入りました。私は、白い壁と、六床の白い病院用ベビーベッド、白いシーツ、白いベッドカバー、そして、それぞれの白い枕の上にある巨大な頭を見ました。小さなビール樽くらいの大きさの人間の頭でした。サイエンス・フィクションの悪夢の恐怖から逃れるために叫び出したい衝動を、私は必死で抑えました。それらの頭は、卵型の広大なドームのように、正常な頭の二倍、三倍、四倍もの大きさでした。卵のように、これらの巨大な頭蓋骨は下の方は細くなっており、小さく萎《しな》びた顔を見せていました。顔の下には、発育を阻害された、寝たきりの子どもたちの痩せ衰えた体があり、首は孵《かえ》ったばかりの雛鳥《ひなどり》の裸の喉のようにか弱いものでした。

何かが私に触れました。ベッドの柵越しに突き出した小さな萎《しぼ》んだ手が、私のスカートをかすったのでした。私は振り返り、優しげな空色の瞳をのぞきこみました。唇が動き、落ち葉が音をたてるような囁き声を聞きました。

「名前は何て言うの?」

私はベッドに近づいて応えました。

「あなたの名前は？」私も聞き返しました。

枯葉をそよがす微かな風のように、囁くようなため息。「バイオレット」

細く、半透明の指が私のハンドバッグを指さしました。

「何が入っているの？」

私は彼女に見せました。櫛と、財布と、鉛筆と、口紅を取り出しました。コンパクトを引っ張り出して開けて見せました。バイオレットは鏡をのぞき込んで微笑みました。

「あした晴れるといいな」彼女は囁きました。

「なぜ？」

「晴れた日は散歩に出るの」

「それはすてきね」と、私はどういう意味だろうと疑問に思いながら同意しました。

バイオレットやそのほかの子どもたちは、一体どうやってその途方もなく大きな頭の重みを、立った状態で持ちこたえることができるというのでしょうか。彼らはいったいどうやって散歩に行けるというのでしょうか。

数日後、行商人の荷車のように大きな車輪のついた木製の乗物を押す、病院の付添人たちの行列に遭遇したとき、私のこの疑問は解けました。それぞれの車には、毛布と枕、そして子どもが乗っていました。行列が通り過ぎようとしたとき、バイオレットの姿が目に入りました。彼女はあおむけに寝かされ、目は少し閉じていました。顔は太陽に向けられ、唇はうっとりとしているように半分微笑んでいました。私は、バイオレットのために喜びました。その日が晴れた日で、バイオレットが「散歩」に行けたことを喜びました。

病棟で、私がまだバイオレットに話しかけていると、介助をしている十代の魅力的な少女がトレーにのせた食べ物を運んできました。彼女はベッドの横に座ると、そこに横たわっているグロテスクな頭をした子どもに、優しくスプーンで食事を与えはじめました。私はそれを見て、彼女の微笑んでいる顔と愛情のこもったしぐさに、心を動かされました。

病院を去るとき、私はガイドにバイオレットのことについて尋ねました。

「彼女は何歳ですか」

「十三歳」と答えが返ってきました。私は、彼女の身体の大きさから判断して、バイオレットはたぶん五歳くらいではないかと思っていました。

バイオレットや、そのほかのこの病棟の子どもたちは、hydrocephalus《ハイドロセファルス》〔脳水腫または水頭症〕の犠牲者たちでした。hydrocephalus《ハイドロセファルス》という言葉は、一般的に、頭（cephalus《セファルス》）のなかに大量に水（hydro《ハイドロ》）がたまった状態のことをさしています。脳脊髄液（実際には〈水〉ではない）のこの異常な蓄積が、治療がなされなければ、私が見たようなグロテスクなまでに大きく膨らんだ頭をもたらすのでした。正常な状況のもとでは、この脳脊髄液は極めて重要な機能を果たしています。液体状の緩衝材として、それは最もひどい強打を除いて、脳への損傷を防ぐ役割を担っているのです。それはまた、脳の組織の潤いを保ち、脳の内部や周辺の組織からの老廃物を洗い流しています。そのうえ、それは血液中に見られるものと同様の必要不可欠のタンパク質や化学物質を脳に供給しています。

脳脊髄液は、四つの脳室から成る脳室システムと呼ばれるものを通して、生産され、循環し、血流に戻されます。脳室とは、脳のなかの自然の空間、または区画のことをさしています。一連の洞穴にトンネルがつながっているように、小さな通路がこの脳室につながっています。通常、この脳脊髄液の生産、循環、再吸収の間にはデリケートなバランスが維持されています。よく機能している機械の完璧なまでの正確さをもって、このバランスは一生を通して維持されているのです。

不運にも自然にエラーが生じると、時おり、うまく機能しない脳室システムを持った子どもが生まれることがあります。この欠陥の原因はいろいろ考えられますが、その機能不全とは脳室システム内のどこかの閉鎖のことです。この閉鎖は、脳脊髄液の排水と吸収を妨げます。閉鎖が起きたときの身体は、脳脊髄液の生産を遅くしたり止めたりする機能を持たないため、容赦なく蓄積した脳脊髄液は、その量と圧力を増し、頭蓋骨のものすごい膨張と水頭症の慢性的な状態を引き起こすのです。

バイオレットや彼女の仲間たちが生まれた頃は、水頭症の治療法は何もありませんでした。バイオレットのように、この状態の子どもたちは不運な状態のままでした。しかし、今日では、水頭症は簡単で信頼性の高い回避措置（シャント）によって防ぐことができます。インク・ペンのなかのインク・チューブくらいの細いプラスチック・チューブが、皮膚の下の脳室のひとつから、腹腔へと通されます。そこでは、排出される過度の脳脊髄液が自然に吸収されます。このシャントのなかの小さなバルブが、流れの方向をコントロールし、脳内の正常な脳脊髄液圧を維持しているのです。

それ以上何も話したくなかったので、私はクラスの仲間たちと少し離れるように歩き、後をついて行きました。私たちは寮の方へ戻っているようでした。午後の情緒的緊張によって疲れ切っていた私は、そうであってほしいと願っていました。暴露された精神遅滞の隠された世界を垣間見るというような経験を、私はこれまで甘受することなどできたでしょうか。私は、悲惨なほど驚き、このツアーが終わって、もうこれ以上の恐怖が残されていないことを強く望みました。そして、私がちょうどこの試練が終わりに近いと確信しはじめたとき、ガイドは小さな木造の建物の入り口に向かって進んで行きました。私の脈拍はパニックで早くなりました。

「もうやめて」私は心のなかで願いました。「お願い、もうやめて、今日はやめて」

幸せにも私の苦痛には気づかずに、ガイドはドアを開けて元気よく叫びました。

「みなさん、こちらへ。どうぞなかへお入りください。これが観察室です」

私は不安で緊張しながら、片側に大きな窓のある細長い箱のような薄暗い場所へ、列をなして進んでいきました。そこで何を発見することになるのか恐れながらも、私は従順に窓に近づき、ガラス越しにのぞきました。

「これはワン・ウェイ・ミラーです」私はガイドが説明するのを聞きました。「私たちはなかを見ることができますが、なかにいる子どもたちには鏡が見えるだけです。観察室が暗い限り、彼らには私たちが見えません。このようにして、私たちは生徒たちの邪魔をすることなく、教室を観察することができるのです」

私は、自分が見たものをあまりに熱心に理解しようと努めていたので、一瞬、彼女の言葉の意味がわかりませんでした。それから、キーワードの〈教室〉とか〈生徒〉といった言葉が私の意識に届き、認識の震えが電流のように、私の身体のなかを駆け抜けました。ちょうどこの日の朝、私たちの指導者のエツェル博士が、私たちにレィニエーでの実験教育プログラムについて話してくれたばかりでした。このプログラムの発達遅滞の子どもたちは読み、書き、算数を学んでいました。

「どうしたら、そんなことができるのですか」私は彼女に質問しました。「精神遅滞の人たちにはそんなことはできません」

エツェル博士は微笑みました。「彼らができるのは明らかです。伝統的な指導方法が失敗したからと言って、精神遅滞の子どもたちが学習することができないとは必ずしも言えません。可能性はあるかもしれないのです。私たちの課題はその可能性を引き出すことなのです」

「でも、どうやって？」私は再び質問しました。「それはどうしたらできるのですか」

「ワシントン大学の心理学部からいらしている*シドニー・W・ビジュー博士が、私が説明したプログラムの責任者です。おそらく、彼なら答えを見つけてくれるでしょう」

「だとしたら、それは奇跡です！」私は感嘆して叫びました。

「ええ、その通りです」エツェル博士も同意しました。

そして今、薄暗い観察室に立ちながら、私はエツェル博士の言葉を思い出していました。私たちは今、まさに、教育的環境に置かれた遅れのある子どもたちの奇跡を目撃しようとしているのでしょうか。私は窓に近づきました。

私が見たものは、十歳か十二歳くらいの学齢児たちが個別の机に向かって座っている、まさに教室でした。私が見ることのできた子どもたちの何人かは、たし算、ひき算、わり算といった算数の問題に取り組んでいました。ほかの子どもたちは絵と単語を合わせたり、また、別のグループは絵に描かれている物の名称を書いたりしていました。二人の教師たちが生徒たちの列の間を行ったり来たりしながら、彼らの取り組み方をチェックしたり、ほめたり、励ましたり、正しい反応には微笑んだり、軽く叩いたり、机の上に置かれたプラスチック・カップのなかにトークンを入れたりしていました。授業の終わりには、子どもたちはトークンを小さなごほうびの品と交換していました。獲得したトークンの数に応じて、鉛筆やおもちゃ、漫画本、または、キャンディーなどの品物がありました。壁のチャートには、個々の生徒の進歩がグラフで示されていました。

これらの指導テクニックは、B・F・スキナー*によって概説された、学習と行動の原理にもとづいていました。ビジュー博士とその同僚たちは、精神遅滞児の教育にこれらの原理を適用した最初の人たちでした。このアプローチの素晴らしさは、それが事実上成功を保証しているという点にあります。生徒が学ぶべき一つひとつの新しい課題は、前提としてすでに修得している技能を基盤にしています。学習は一連のステップを修得することでなされ、その過程は最終目標に到達するための階段を昇って行くのに似ています。それぞれの小さなステップが達成されるとフィードバックが与えられますが、ほめ言葉や手に触れることのできる明確な強化（トークン）というかたちでのフィードバックは、動機づけや励まし、そして、遅滞児たちに一般的に欠けている達成感などを与えてくれます。

ビジュー博士とその同僚たちは、このようなプログラムや研究を通して、最重度に制限を受けている人たちでさえ学習することが可能であることを証明していました。定義によれば、学習とは、特定の指導によって、これまで個人の行動のレパートリーにはなかった技能を示す能力のことです。幼児が初めて「マ・マ」という言葉を繰り返したとき、学習が起こったのです。あなたがひとりで食事することを教えている重度に遅れのある子どもが初めて自分でスプーンを握ることができたり、以前には決してできなかったことができるようになったとき、自分で食事をするという最終目標に到達するにはまだ多くの指導期間を必要とするかもしれませんが、学習が起こったと言えます。あまりにも多くの公立学校の特別教育プログラムが、「学習力に差のある子どもたちへの指導は、多くの分離したステップの序列によらなければならない」という基本的原則を考慮に入れ損ねています。このように、「スプーンを握る」という行為は、自分で食べるという最終目標に導くたくさんのステップのなかの最初のステップです。最初と最後のステップの間には、スプーンを食物のなかに入れ、スプーンで食物をすくい上げ、そのスプーンを口まで運ぶ、等々のステップが含まれます。教師たちはあまりにしばしば、自分自身の指導テクニックについてよりも、子どもの認識過程について心配しすぎます。

教師たちは尋ねました。

「考えていることがわからない遅滞児に教えることなどできるのでしょうか」
「質問に答えられない子どもに教えることなどできるのでしょうか」
「学び〈たく〉ない者に教えることは可能なのでしょうか」

ビジュー博士や私も含めたほかの人たちに支持されている、教育への行動学的アプローチは、生徒たちの観察できる反応だけに関心を持つことで、こうした問題を回避することができます。言い換えるなら、もしも子どもがいくつかの単語のなかから「りんご」という単語を正しく選んでりんごの絵のところに置くなら、教師は、望ましい弁別と連想が達成されて学習が起こったと結論づけることができ、そして、生徒の思考過程や、生徒が発声言語を持っていないために言葉では「りんご」と言えないかもしれないなどという事実は気にする必要がありません。

期待されたことを成し遂げる精神的満足感は子どもに充分な動機づけを与えるはずであるという理由で、大人たちは子どもがほとんど魅力のない課題に取り組むことをあまりにしばしば期待しすぎます。確かに正常な子どもたちの多くはこの内的動機づけを早期に獲得しますが、それにもかかわらず高校中退者や落第する生徒たちの割合が高いということは、本質的な自己動機づけの獲得は正常な子どもたちにとっても困難なことなのかもしれないということを示唆しています。達成による内的な満足感を、特別なニーズをもつ生徒たちのなかに育むことはなおさら困難なことなのです。発達遅滞児たちの多くは身体的に弱く、エネルギー・レベルも低いために、身体的および精神的能力を要求される課題や活動などに対する意欲を生み出すことができません。さらに、より重大なのは、障害のある子どもたちは、人生において、成功よりもはるかに多くの失敗を経験しているという事実です。実際、彼らの誕生そのものが失敗なのです。正常で健康に生まれてくることへの失敗、期待でいっぱいの両親の期待に応えることへの失敗は、こうした子どもを最初から不利な状態に置きます。典型的でない幼児は、スタートからの失敗で、適切な早期介入がなければ、座ったり、立ったり、歩いたり、しゃべったりという期待されるマイルストーン〔里程標〕を通過することもできずに失敗し続けるのです。

ビジュー博士によって考え出されたプログラムのように、行動学にもとづいた特別教育プログラムのゴールは、発達に遅れのある生徒たちが成功を経験することができる学習環境を創り上げていくことです。ですから、私が観察したように、自己の動機づけや内的満足感のパターンが確立されるまでは、正しい反応や新しい達成がなされるたびに、それがどんなに小さなものであっても認められ、言葉による称賛や、トークンやごちそうのような具体的な成功のシンボルによって報われるのです。

このような報酬は賄賂[6]のようなものだから教室にはふさわしくないと主張する人たちもいます。私は、この方法がなぜ不可欠の教育道具でありえるかということについての論議を繰り返そうとは思いません。おそらく、大人としての私たちにとってさえ、達成による精神的満足はより一生懸命働くことへの動機づけになり、功績による昇給やボーナスは自尊心を強めたり、さらなる努力の動機づけになっているということを誰も否定できないということをあげれば充分でしょう。

観察窓の向こうでは、授業がちょうど終わったところでした。手に入れた鉛筆や漫画本をしっかりつかみ、晴れやかに、子どもたちは列をなして部屋から出て行きました。そして、私たちもまた出て行きました。私たちは校舎から出て、太陽の光のなかに目を細めて立ちました。

「さあ、解散です」と、ガイドが言いました。

「ありがとうございました」私たちは声をそろえて言いました。

ガイドは手を振りながら角を曲がっていなくなりました。解散する時間でした。

「寮の方へ戻る人はいますか」私は仲間に尋ねました。寮の方へ行く人はほかに誰もいませんでした。

「じゃあ、また明日」

「明日ね」彼らも応え、駐車場の方へ向かって行きました。

私は、この日に見たことや経験したことのすべてを考えながら、もと来た道を戻っていきました。朝早く家を出たことが、はるか昔の出来事のように思われました。慣れ親しんできた思考や認識、信念などのすべてから離れて、私は海図のない海に漂っているような気がしました。確かな足取りをまた見つけることができるのかしら。そして、見つけることができたとしても、私は十時間前と同じ自分でいることができるのかしら。レジデンス・ホール〔居住棟〕の堂々とした建物の正面を通り過ぎながら、私は、そのなかにある荒涼とした場所のことを思い出し、それから、そこの教室とそこでの約束を思い出しました。

それは、本当に明るい未来への約束なのでしょうか。すべての子どもたちが、正常な子どもたちと同じように遅れのある子どもたちが、等しく教育を受ける権利を得られる日が本当に来るのでしょうか。私が見てきたような教育プログラムが、隠された可能性への魔法の鍵になるのでしょうか。もし、これが真実なら、無為に暮らす男性や空虚な目をした女性でいっぱいの薄暗い部屋がからっぽになり、もはや、捨てられた人間性のためにペンを執ることのない日が本当に来るのでしょうか。小さな子どもたちがもはや土を掘り返し、味気ない囲いのなかで、迷える仔羊のように群がることを運命づけられたりはしないでしょうか。助けを求めて来ているバイオレットのような子どもたちについてはどうなのでしょうか。医療共同体が治療を見つけてくれるのでしょうか。希望はあるのでしょうか。私はこの展望が現実のものとなるのを見届けることができるのでしょうか。

私は、私が教室で目撃したことがまさに始まりで、改革の最初の動きであり、身体的、精神的に障害のある人たちの新しい時代の出現であったということをまだよく理解していないまま、このような疑問をあれこれと考えていました。そして、この夢の実現のために私自身もまた役割を担うことになるであろうなどということもわかっていませんでした。

第5章　操作的な子どもたち

ルーシー王女

つやつやと栄養たっぷりなペンギンの家族のように、レナード家の父親、母親、二人の十代の息子、それから、ずんぐりとした三歳のルーシーが列をなして建物のなかに入りました。きれいに手入れされた艶のある豊かな黒髪と、中背でちょっぴりお腹の突き出た丸い胴体、彼らは愉快で、充足していて、自分に満足している人たちのようでした。私が彼らに挨拶しようとして進み出ると、ルーシーが列からはずれ、よちよちとロビーを横切り、教室のドアの方へ歩いて行きました。

彼女は横柄にドアを指さし、「ぁん」と言いました。

すると、レナード氏は私を押しのけ、あわててドアを開けました。ルーシーは威厳を持って堂々と進んで行きました。彼女の父親は小さく肩をすくめ、申し訳なさそうに微笑みました。

「彼女は待つのが好きじゃないのです」と、彼は説明しました。

私は微笑み返して、彼らを教室に導き入れました。私たちはプリスクールの低いテーブルを囲んで座り、ルーシーの記録を調べはじめました。放っておかれたルーシーは、新しい環境を探検するために、部屋のなかを歩きまわりました。そして、ひっきりなしに彼女の手の届かない物を指さしては、「ぁん」と言いました。すると、まるで何かに刺されたかのように家族の誰かが跳ね上がり、彼女の望むおもちゃを手渡すのでした。

会議はなかなかはかどりませんでした。ルーシーの兄弟たちは退屈してきました。彼らの不快に気づいた私は、プレイ・グラウンドで待っていたらどうかと提案しました。見るからに嬉しそうに、少年たちは外へ出て行きました。ルーシーはずっと部屋のなかを歩きまわっていました。やがて彼女は母親の椅子のところへやってきました。

「ぁん」ルーシーは言いました。

私たちの話に夢中になっていたレナード夫人はすぐに応じませんでした。

「ぁん！」ルーシーは少し大きな声で繰り返しました。

「あら、なあに？」とお母さんが尋ねました。

「ぁん、ぁん！」ルーシーはいらいらしたように何度も繰り返しました。

レナード氏は心配そうでした。

「いい子だから、こっちにきて、パパにどうしてほしいのか教えてごらん」

「ぁん！」かん高い声でルーシーは言うと、顔を赤くし、足を踏み鳴らしました。

「ぁん！ぁん！」鋭い叫び声はサイレンのように聞こえました。

「お腹が空《す》いたのかもしれません」そう推測した彼女の母親は、バッグに手を入れて、ラップで包んだごちそうを取り出しました。

「クッキー、クッキーがほしいの？」

「ぁん！」叫ぶなり、その子どもは差し出された物を払いのけると、再びかん高い声で泣きはじめました。

「外へ行きたいのかもしれないな」父親はそう言って、立ち上がりました。

「おいで、パパが外に連れて行ってあげるから」

かん高い声がやみました。父親の手に引かれながら、彼の脇を小走りに歩くルーシーは、愛らしく従順な少女ですが、私は彼女の活発な丸顔を素直に笑うことができませんでした。

「ルーシーは〈ぁん〉以外にも何か言いますか」と私は尋ねました。

レナード夫人は頭を振り、「いいえ、まだです。でも、私たちには彼女が欲しがっている物はほとんど理解できます。それでも、私たちはいつでも応じられるように注意していなければなりません。ルーシーは、私たちが彼女の欲しい物をすぐにわかってあげないとひどく機嫌が悪くなるのです」

私は笑顔を抑えて言いました。「ええ、わかります……彼女に話すことを教えてごらんになったことはありますか。単語をいくつかでも？」

レナード夫人はため息をつきました。「ええ、試してみました。最初のうちは。私たちみんなで試してみました。でも、役に立ちませんでした。私は、彼女は話そうと思えば話せるのだと思うのです。でも、彼女は全然話そうとしません。ルーシーにはルーシー自身の意思があります。彼女がしたがらないことをさせるわけにはいきません」

「さあ、どうでしょう」と、私は思いました。

「学校という状況では違うかもしれません」と、声に出して言いました。「それに、」私は微笑み、言おうとしている言葉から棘《とげ》を抜き取って言いました。「あなたがたが彼女の望んでいることをすぐに理解してしまうので、ルーシーは何も言う必要がないのではないでしょうか」

「でも、……でも、どうやって彼女に話させるのですか」レナード夫人は怯えたように小声で囁きました。「まさか、……お仕置きするんじゃないでしょうね？」

「とんでもない！　私たちは子どもたちにお仕置きなどしません。ただ、単純に学習が起こりやすい方法で環境を構造化することです」

レナード夫人はあっけにとられたように私を見ました。

「ルーシーがプログラムに入れば、うまくいくかどうかわかるでしょう」

このとき、ルーシーがレナード氏と二人の少年に追われるようにして部屋のなかに駆け込んできました。彼女は胸に何かを大切そうに抱え、レナード氏はそれを取り上げようとしているようでした。

「ルーシー、いい子だからこっちに来て、それをパパに返しておくれ」と、彼は一生懸命説得していました。

ルーシーは頭を振りながら、彼から離れて行きました。

「ルーシーちゃん、お願いだからパパにちょうだい。それがないと運転できないんだよ」彼は懇願しました。

レナード夫人が割り込みました。「いい子ね、パパにその車の鍵をあげなさい。そうすれば、私たちみんなおうちに帰っておいしいお昼をいっぱい食べられるのよ」

ルーシーはいたずらっぽく大きくニヤッと笑うと、隣の部屋へと続くコーナーの辺りに突進して行きました。私は小さな絵本を持って、ルーシーと彼女の両親の後を追いました。

ルーシーはドアの後ろの壁に寄り掛かり、もうクスクスと笑ってはいませんでした。彼女の表情はこわばっていました。再び癇癪を起こしそうになっていました。父親と母親はどうしようもなく、彼女を見たまま立ち尽くしていました。まったくお手上げの状態でした。

「失礼します」そのような無分別な行為に我慢できなくなった私は、レナード一家の脇をかすめて通り抜けました。

「パパは鍵が必要です」私は毅然として言いました。そして、彼女の手から鍵をむしり取ると、代わりに絵本を与えました。「絵本をどうぞ、ルーシー。おうちに帰る途中で見てもいいですよ」

ルーシーは金切り声を上げようとして口を開け、それから閉じました。その絵本に興味を示したようでした。私は彼女の手をとりました。

「パパの車を見せて」

その子どもは言うことをきいて、私を正面玄関へと連れて行きました。

レナード一家は気弱にニヤニヤしながら私たちの後に従いました。

「どんな風にしたのですか」レナード氏が尋ねました。

「彼女は絶対に泣き叫ぶと思っていました」彼の妻は付け加えました。

私は笑いました。「私は彼女をびっくりさせたのだと思います。ともかく、うまくいってよかったです。次はそうはいかないかもしれません。そうなったら、ほかのことを試すまでです」

とはいえ、彼女がこの先、私の忍耐と工夫に立ち向かってくるかもしれないなどと考えなければ、ルーシーとの最初のこぜりあいに勝ったことは嬉しいものでした。

私がルーシーに会った朝はワシントン大学の秋学期の最初の日でした。レィニエー州立学校の夏のクラスは数週間前に終了しており、そのとき私は大学のキャンパスにいて、自分自身の勉強の二学期目と新しい仕事を始めるための準備をしていました。

ルーシーが探検していた部屋は、発達心理学研究室（略してＤＰＬ）と呼ばれる大学の建物にあるプリスクールの二つの教室のうちのひとつでした。ＤＰＬの目的は、熟練した教師たちを配置し、三〜四歳の健常な子どもたちに質の高い経験を与えることと、同時に、心理学専攻の学生たちに典型的な子どもの行動を学ぶ機会を提供することにありました。心理学専攻の学生たちは、教室に入ると、観察記録をとるために教室の隅のあたりに遠慮がちに座りました。遊びの技能や好戦的行動、言語や認知発達など、子どもの行動と発達のすべての側面が分析されました。子どもたちとの直接的な関わりは禁止されていましたが、その結果、子どもたちはすぐに学生たちを無視することを学習しました。

ビジュー博士のプログラムはレィニエーで見学したことがありましたが、博士は偶然にも発達心理学研究室のディレクターもしていました。六十歳代の女性で、しぐさや外観がエレノア・ルーズベルトにとてもよく似ていたフローレンス・ハリス先生*は、優れた指導者また教育者で、彼女がプリスクールのプログラムを指揮していました。この年は、ビジュー博士とハリス先生が、健常児たちのクラスに加えて、言語および発達に重度の障害をもつ三人の子どもたちのために特別にデザインした、高度に構造化された新しい集中的な治療プログラムをスタートさせた特別な年度でした。この子どもたちと一対一の個別の取り組みをするために三人の教師（私はそのなかの一人でした）が雇われました。

レィニエー学校のワークショップにおける私たちの主な指導者はエツェル博士でしたが、ビジューやハリスがゲスト・スピーカーとして講義することもしばしばありました。そのため、私は彼らに何度も会う機会がありました。夏のクラスが終わる前に、私が新しく確立された治療教室における指導職を提供されたことから判断すると、彼らは私の取り組みを喜んでくれていたのでしょう。それは朝のクラスのパートタイムの仕事でしたから、午後は授業に出席したり勉強したりする自由がありました。当然、私はその申し入れをありがたく受けることにしました。私が受け取る給料はそれほど多くはありませんでしたが、一九六五年の基準としては充分なものでしたし、私がとても尊敬していたフローレンス・ハリスやシドニー・ビジューのもとで直接指導を受けながら働く機会を得られることは大歓迎でした。

ルーシーに会った後で、私が彼女を担当することになったときは嬉しくてわくわくしました。その少女は私の興味をそそり、私は彼女との取り組みを楽しみにしていました。私には彼女が音声言語を獲得するための援助について自信があったので、予測できない困難が待ち受けているかもしれないなどということは考えもしませんでした。

治療プログラムは順調にすべり出しました。私たちは三週間のうちに生徒たちとの個別言語訓練セッションを始めるようにスケジュールが組まれ、その間の私たちの課題は、教師と子どもとの間の信頼関係を確立することと、教室での望ましい行動を身につけさせるために集中することでした。ルーシーと私はともだちになり、彼女はプリスクールの日課にもすぐに慣れました。それでも、ルーシーは彼女のほしい物を知らせるためにまだ指さしたり唸《うな》ったりしていましたが、癇癪を起こすことはありませんでした。学校での活動は明らかに彼女を楽しく専念させてくれていたので、彼女が注目を得るためにひっきりなしに要求をする必要はありませんでした。

しかしながら、学校の最初の日に、これだけは遅れることなくできるだけ早くルーシーに教えなければならないと私に気づかせてくれるような事態が起こりました。その朝は、建物に隣接して柵がはりめぐらされた広い場所での屋外ゲームで始まりました。子どもたちはその遊び場に行くために、教室の後ろのドアから出て、小さなポーチ〔玄関〕を横切り、階段を四段降りなければなりませんでした。

同僚の教師たちと二人の少年たちは、彼らの監督のもとに先頭に立ちました。最年少のルーシーは一番後ろでした。私は彼女がジャケットを着るのを助けてから、ドアを開けました。パレードの気高い王女様のようにルーシーは頭を上げ、ポーチの縁を堂々と歩いて行きました。そして、それから、なんと恐ろしいことに、足を踏み外したのです。私は前の方に身を投げ出し、彼女がコンクリートの歩道の上に頭を打ちつける寸前に、かろうじて、彼女のかた太りの小さな身体をつかまえることができたのでした。

私はルーシーをしっかりつかんだまま一番下の段に身を沈めると、私の心臓の高鳴りは安堵で静かになりました。幸運なことに、回避できた災害のことについては何も気づかずに、ルーシーはきれいに並んだ小さな乳歯の列を見せて明るく微笑むと、ブランコの方へ歩いて行ってしまいました。数分後、私は落ち着きを取り戻し、ルーシーの階段昇降能力を評価するために、階段のところまで彼女を連れ戻しました。私はすぐに、ルーシーは私が手を支えていないとひとりでは階段を昇ることも降りることもできないこと、そして、手すりにつかまることが充分わかっていないということを発見しました。これは驚くほどのことではありませんでした。ルーシーの記録は、彼女が発達のさまざまな領域においてかなりの遅れがあることを示していました。原因はわかりませんでしたが、いくつかの点でルーシーは十七ヵ月レベルで機能していることが心理テストによって確認されていました。典型的な幼児はこの月齢では階段の昇り降りはできませんから、ルーシーが階段の昇り降りができないことは予測されました。

幼児たちは普通、手と膝で這って階段を昇ることを学びます。ひとりで階段を降りることが許されるなら、一段ごとにお尻をついて降りることを学ぶ子どもたちもいます。これらは、私自身の子どもたちが階段の昇り降りを修得するときに用いた方法でした。そしてこれが、私がルーシーに教えようと思った方法でした。

ポーチの上に置いたおもちゃで誘うと、ルーシーは膝をついて階段を這って昇ることをすぐに学習しました。次に、この方法を逆にして、ポーチの縁にルーシーを腰掛けさせ、私の子どもたちがしていたようにお尻で階段を降りることを教えました。嬉しいことに、ルーシーはすぐにどちらの操作も完璧にこなし、数日の内にはひとりで昇ったり降りたりすることがとても上手になり、近くで見ていなくても安全に昇り降りするようになりました。階段の適切な昇り降りの方法は後で教えることにして、とりあえずこれで満足することにしました。

三週間が過ぎ、生徒たちが言語訓練を始めるときがついにやってきました。教師たちとそれぞれの担当の子どもたちは、観察窓のある小さなセラピー・ルームで一日に十五分から二十分の個別セッションの予定が組まれました。私は初心者だったので、初めのうちは、フローレンス・ハリスと、時にはビジュー博士が、私がルーシーと取り組む様子を観察窓越しに観察することでモニターし、私の耳のなかのマイクを通して指示を与えてくれました。

トレーニング・プログラムと呼ばれていたこれらのレッスンは、あらかじめ定められた一連の手続きにもとづいて行われました。私たち教師は言語療法士ではありませんでした。しかしながら、学術研究(7)はこれらの手続きを系統的に適用することが、言語のない子どもたちが言語を獲得するための最初のステップとして効果的であることを示していました。

それぞれの子どもは、小さなテーブルをはさんで教師と向かい合って椅子に座り、次のような一連のステップを進んでいくことを期待されました。すなわち、それぞれの子どもは、指示に従って、

(1) 静かに座る。
(2) 教師を見る。
(3) おもちゃを操作する。
(4) 「見て」「とって」「置いて・入れて」、そして「下さい」などの指示に反応する。
(5) 動作を模倣する。
(6) 音声を模倣する。
(7) 言語音を模倣する。
(8) 物や絵の名称を模倣する。
(9) 自発的に物や絵の名称を言う。
(10) 言語音や単語を開始する。
(11) 教室や、家などの、セラピー・ルームの外でも言語音や単語を開始する。

教師の行動もあらかじめ定められた一連の手続きに従うことになっていました。子どもの反応によって、教師は次のようにします。たとえば、

(1) あらかじめ定められた指示を与える。
(2) 十五秒以内に正しい反応があれば、そのたびにほめ、ごほうびを与える。
(3) もしも望ましい反応がなければ、指示を繰り返す、正しい反応ができるように援助する、そして努力をほめる。たとえば、もしも子どもが「とって」という指示に従っておもちゃを取らなければ、教師はその指示を繰り返し、同時に手を添えておもちゃを取らせる。
(4) もしも子どもが癇癪を起こしたり非協力的になったら、教師は下を向いて三十秒間子どもを無視する。もしも癇癪が続くようなら、教師はセラピー・ルームから出て、子どもが泣き止むまで子どもを一人にしておく。子どもが静かになったらすぐに、教師は部屋に戻り、子どもの静かな行動をほめ、トレーニング・セッションを再開する。

ルーシーと私は、プログラムの最初の四ステップまでは滞りなく進むことができました。彼女はハイチェアー（通常のプリスクールの椅子は低すぎるということがわかったので）に静かに座りました。彼女は私が「見て」というと視線を合わせることができました。彼女は私がほめると笑顔になり、積極的に空のマヨネーズ瓶のなかにポーカー・チップを入れました。私が、小さなゴム製の動物や、積み

木や自動車などのおもちゃを置くと、「とって」「置いて」、または「下さい」の指示に従って反応しました。

このように、トレーニングの最初の週は肯定的な雰囲気で終わりました。私はルーシーをたくさんほめてあげたい気持ちでした。そして、ハリスとビジューは私をほめてくれました。次の月曜日に、私は五つめのステップ「動作模倣」に進むつもりでした。他者の行為を観察してそれを再現する能力である模倣は、学習の極めて重要な側面です。遅れのある子どもたちは健常な子どもたちにくらべ、発達上欠かすことのできないこの技能を獲得するのがとても遅い傾向にあることから、私はルーシーとのトレーニング・プログラムでこの新しい段階を始めることには特に熱心でした。

模倣の能力が学習においてこれほど重要な役割を果たす理由は、模倣が意識性を養うからです。模倣するためには、子どもは起こっていることに注目しなければなりません。模倣する能力は学習の主要な要素である注意力と認識力を必要とするのです。

モデル行動の模倣を通して起こる一般的な学習や特定の学習のすべてを記載するのはとても不可能なことです。事実、これは一生を通じて継続する学習のひとつのタイプなのです。大人としての私たちでさえ他者の行為を観察し模倣することによって新しい行動を学び続けているのです。

大人のように、子どもたちは模倣を通して、身辺自立的技能や、社会的技能、学問的技能、そして、遊びの技能などの多くを学びます。これらすべての領域において模倣する力は役立ちますが、決定的というわけではありません。しかしながら、言語発達においては、模倣する力は絶対に欠かすことのできないものです。耳は聞こえるのに聞こえた言葉の音を再生（模倣）することができない子どもは絶対に話すことはできません。世界中のすべての子どもたちは歩くことや食べること、そして遊ぶことを基本的には同じような方法で学習しますが、話し言葉だけは違います。さらに言うなら、子どもでも誰でも、聞いている言葉だけを、つまり、模倣できる音声を話すことを学習します。

ルーシーは話しませんでした。私は彼女が発声というよりは唸り声に近い脅すような「ぁん」よりほかに言語音を発するのをまだ聞いたことがありませんでした。それでも、私は彼女が難聴でないことは知っていました。そして、私の単純な指示に対する彼女の反応から、彼女が言葉の意味についていくらか理解していることも知っていました。私はどうにかして、ルーシーの受容言語つまり彼女の聞いて理解する力と、意思疎通するために彼女が聞いた言葉を言う力との間のギャップを埋めなければなりませんでした。これがトレーニング・プログラムと私の仕事の最終ゴールでした。そして、これが彼女に模倣することを教えなければならなかった理由でした。

月曜日になりました。私たちのトレーニング・セッションを再開するのを心待ちにして、私はルーシーをセラピー・ルームに連れて行き、彼女をハイチェアーに座らせました。前の週の学習のおさらいを少しした後で、ルーシーが模倣できそうな、テーブルの上を軽く叩いたり、両手を打ち合わせたりというような、単純な動作の手本をいくつか示してみようと計画しました。

前の週にとてもよくできていたことを繰り返し、私は身を乗り出して指示を与えました。「私を見て」

ルーシーは穏やかに応じる代わりに、胸のところで腕を組んでにらみつけました。

「よ……よくできました」私は、そのような好戦的な目つきをほめてよいものかどうかはっきりしなかったので、躊躇して言いました。それでも、視線は合わせていました。私は彼女にチップを手渡しました。ルーシーは私を無視しました。私はそのチップを瓶に入れました。

「私を見て」私はもう一度試みました。

腕を組み、ルーシーはそっぽを向きました。命ぜられている十五秒間待ってから、私は彼女の顔を両手で私の方に向かせ、そして指示を繰り返しました。

ルーシーはのけぞりました。「ぁん！」

私の耳のなかでマイクの音がしました。「タイムアウト！」ハリス先生がピシッと言いました。

私は下を向いて、ルーシーを三十秒間無視しました。

「いいでしょう」ハリスが言いました。

私はルーシーの好きなゴム製の馬のおもちゃを選び、それをテーブルの上に置きました。

「馬をとって、ルーシー」

彼女はトーテム・ポールの彫刻のように厳《いか》めしく座っていました。

私は再び十五秒間待ち、それから、指示を繰り返しながら、望ましい反応へと導くためにルーシーの手の方に自分の手を伸ばしました。私がルーシーの腕に触れると、彼女は私の手からおもちゃをひったくり、それを部屋の向こう側に力一杯投げつけました。

「ぁん！」彼女は頭のてっぺんから声を出して叫び、私の左膝を思いっきり蹴飛ばしました。

「出なさい！」ハリスが私の耳のなかで叫びました。

私は膝をさすりながら、自分のノートをつかむと、びっこをひいて部屋から出ました。ビジューとハリスは観察室にいました。

椅子に閉じ込められているルーシーは足をばたばたさせながら悲鳴を上げました。彼女は顔を真っ赤にして、時どきしゃくり上げながら泣き叫びました。私にはとても耐え難いものでした。私はルーシーをとても好きになっていたのです。

「ああ、なんてかわいそうな！　このままにしておくことはできません。彼女は病気になってしまいます！　ハリス先生、どうか私を部屋に入れて下さい。彼女はまだほんの赤ちゃんなのです」私は懇願しました。

ハリスは私の腕に手をかけて制止しました。「あなたは彼女が静かになるまで待たなければなりません。あの子はこれまでずっと両親や兄弟たちを操作してきたのです。もしもあなたが今負けたら、彼女はあなたのことも操作できると思うでしょう」

ビジュー博士の暖かいオリーブのような黒い目が同情を込めて私を見つめていました。

「あなたはあの子を助けてあげたいのではないのですか」

「ええ、もちろんです。でも、こんな風にではなく……もし、彼女が苦痛や恐怖を感じていたらどうするのですか？　こんな風に彼女を放っておくことは私にはとてもできません」私自身、泣き出しそうになっていました。

「彼女は大丈夫だとあなたに断言しますよ」

私はセラピールームの時計をちらっと見ました。私が退室してから、まだほんの二分しか経っていませんでした。私にはルーシーが何時間も泣き続けているように思えました。その悲痛なわめき声が木造の建物中を反響させて続いていると、誰かが二階から階段を駆け下りてくる音がカタカタと聞こえました。次の瞬間ドアが開き、ビジュー博士のスタッフで若い心理学者のロブ・ホーキンス博士が入ってきました。彼はテープレコーダーとマイクを持ってきました。彼の目は興奮で輝いていました。

「何が起こっているのですか。これは、私がこれまで聞いたなかで最高の癇癪です。是非、テープに録音しておかなければ！　プラグはどこに差し込んだらいいですか。この部屋のなかにコンセントはありますか」

「いいえ、このなかにはありません。セラピー・ルームのなかの、ハイチェアーの後ろにひとつあります」

「そぉーっと、入って行けばいいですね」

「いいえ、いけません！」フローレンス・ハリスは用心して言いました。

「大丈夫ですよ」ロブは目標に集中して膝をつき、そして、カチッとドアを開けるとコンセントの方へと這い始めました。

「わーっ！……」まるで誰かがスイッチを切ったかのように、ルーシーの遠吠えはピタッと止みました。彼女はロブの策略を見抜きました。一匹の虫がぎこちなく這い進む様子を、女王が冷たく軽蔑したような目で観察するように、ルーシーは床の上の男をじっと見ていました。次に、私はルーシーをよく見ました。彼女の頬はピンクでしたが、涙の跡はどこにもなく、息づかいさえ乱れてはいないようでした。まるで、静かに座っておもちゃで遊んでいたかのようでした。

「あなたのおっしゃる通りでした！ ただの演技だったのですね！」と、私はハリス先生に言いました。

「そう言ったでしょ」

「なんて賢い子どもなのでしょう」私はルーシーを称賛せずにはいられませんでした。

「ちぇっ！」ロブは悔しそうに言いました。「何てことだ。せっかくあんな大きな癇癪をテープに録《と》れるところだったのに」

ビジューは彼の肩を軽く叩きました。「きっとまたチャンスはあると思うよ。でもこの次は、子どもが〈タイムアウト〉のときにはセラピー・ルームには押し入らないことだね」

「はい、申し訳ありません。その手続きを損ねていなければいいのですけど」

この邪魔によって癇癪が終結したことを秘かに喜びながら、私は彼に微笑み、セラピー・ルームに戻りました。私はドアを閉じ、腰を下ろすと指示を与えました。

「私を見て、ルーシー」

彼女は私と目を合わせ、期待するように微笑みました。

「おりこうさん！」私は彼女にチップを手渡しました。彼女はそれを瓶のなかに入れました。

私はテーブルの上を手で軽く叩きました。「こうして」

ルーシーは私を見てから、ためらいがちに小さく叩きました。

「まあなんて、おりこうなの！」私は喜んでそう叫ぶと、もう一枚のチップを容器のなかに入れました。

「もう一回！」私はテーブルを軽く叩きました。ルーシーも叩き返しました。

「まあ、ルーシー、よくできました。あなたはテーブルを叩きました！」

ルーシーは嬉しそうににっこりしました。私も嬉しい気持ちでセッションを終え、ルーシーを椅子から下ろしました。

トレーニング・プログラムは継続しました。時おり、ルーシーは固まったり、拒絶したりして反応しないこともありましたが、この問題については、問題が起きたら下を向き、彼女との関わりを三十秒間拒否するというタイムアウトの手続きで容易に解決されました。私が部屋から出て行くことになったときのような金切り声を上げる癇癪はもう起きませんでした。ルーシーの全面的な協力にもかかわらず、それでも彼女の進歩はなかなか見られませんでした。ルーシーはテーブルの上を叩くことは学習しましたが、模倣して両手を打ち合わせることを学習するにはもう一週間かかり、さらに、彼女が模倣して頭や鼻、口、顎などを触ることを学習するにはもう二週間かかりました。テーブルを叩いたり、両手を打ち合わせたり、というような大きな動作から始めて、私は徐々に、発声のための前提条件となるステップのひとつとして、唇や顎の動きにルーシーの注意を向けさせるようにしていきました。

こうして、クリスマス休暇後にクラスが再開されたとき、ようやく言語音の模倣を始める準備が整ったのでした。私の最初のゴールは、ルーシーに基本的な母音を繰り返すことを教えることでした。私たちはまず、「アー」(ah) の音から始めました。

私は自分の顎に指を一本あて、顎を下げると同時に「アー」(ah) と言いました。

ルーシーは従順に指を顎にあてると、口を開きました。発声はありませんでした。

ルーシーの試みをほめてから、私たちはその練習を繰り返しました。発声はないままで、何の音も出ませんでした。私はその活動をさらに三回繰り返しましたが、ルーシーは今までと同様に、動作は真似るのですが、発声については何の試みもありませんでした。何度も繰り返すことでルーシーを飽きさせてしまわないように、私は、いろいろな動作にほかの母音を伴わせてセットにした、一連のほかの練習へと移りました。

私は、母音「イ」(i) を含む単語「アイ」(Eye：目) と言って、自分の目を指さしました。

ルーシーは動作は繰り返しましたが、発声しませんでした。私は持ってきていた人形をとりだし、人形の目を指さしました。

ルーシーは笑顔で指さしましたが、それだけでした。私は指で円を描いて見せながら、「オー」(O)

と言いました。それでもルーシーはやはり黙っていました。

こんな状態が何日も続きました。私はあきらめかけていました。ルーシーから言語音を引き出すことはとうてい無理のように思えてきたのでした。そんなある日、ルーシーが顎に指をあて、口を開くと同時に、私は手を伸ばしてテーブル越しに彼女の横隔膜の辺りを静かに押しました。

「アーック」(A-ack)、ルーシーは思わずしわがれたような声を出しました。

「ルーシー!」私は彼女を抱きしめました。

そしてもう一度、ルーシーが私の真似をして、顎に指をあて、口を開いたときに、小さく押してみました。

ルーシーは、「アー」(ah) と唸るように言いました。

私たちは、顎に指、口を開く、押す、ということを何度も何度も繰り返しました。

そのたびに、ルーシーは「アー」(ah) の音を出しました。

最後には、とうとう、私は自分の顎に触れ、顎を下げ、「アー」(ah) とは言いましたが、ルーシーが私の動作を繰り返しているときに、私は押さないでいました。

「アー」(Ah)、ルーシーは大きな声ではっきりと言いました。

私は嬉しくて涙が出そうでした。ルーシーは初めて意識的に音声模倣をしました。彼女は新しい技能を身につけたのです!

しばらくして、レナード夫人は私に、ルーシーが『リーダーズ・ダイジェスト』〔Readers' Digest :

アメリカの月刊誌』を読みはじめたと報告してくれました。ルーシーは印刷されている単語を指で突っつきながら、「アー、アー、アー」（ah, ah, ah）と繰り返し言っているということでした。

　一度に一文字ずつゆっくりと、ルーシーは母音をマスターしていきました。彼女が望ましい音を発声するようになるまで、そのたびに私はちょっとした仕掛けを新しく考え出さなければなりませんでした。一度などは、彼女が「ウー」（oo）音をなかなか発声できなかったので、やけになった私は、自分の靴を脱ぎ、それをひっつかんで頭の上に振りかざし、

「シュー」（Sh-oo）（shoe《シュー》：靴）と、大きな声で言いました。

するとルーシーも足をあげ、ハイチェアーのトレー越しに手を伸ばすと、自分のスニーカーを引っ張って脱ぎ、

「ウー！」（Oo！）と言ったのです。

　別のときには、私はおもちゃの電話を部屋に持ってきて、受話器を自分の耳にあて、「ハーイ！」（Hi！）と呼びかけました。

　何回か試した後で、ルーシーも電話に向かって「ハーイ」（Hi）と言えるようになりました。

　私たちは子音へと進んでいきました。「ン」（n）は、鼻をつまむことで言えるようになりました。そして、「ム」（m）は、上下の唇をしっかりと合わせて、やっと言うことができました。でも、ルーシーがこれらの音を言えるようになるまで、私は、彼女の閉じた唇から正しい音を出させるために、再び彼女の横隔膜の辺りを押してあげなければなりませんでした。

ルーシーがいくつかの基本的な子音を言えるようになると、私は、言葉を話すことに向けてのもうひとつのステップである、音をつなぎ合わせる方法を教えはじめました。私のリストに載せた最初の単語はママでした。正常な赤ちゃんたちは発達の早い時期に「マ・マ」(ma-ma) と言うことから、これは適切な選択だと考えました。

私は上下の唇をしっかり合わせました。

ルーシーも同じようにしました。

私は「ム」(m) と言いました。

ルーシーは応じました。

顎に指をあて、口を開いて、私は「アー」(ah) と言いました。

ルーシーもそうしました。

私は自分の手と唇を使った今までの動作をしながら、「マ」(ma) と言いました。

ルーシーは私の動作を真似しながら、「ム・アー」(m-ah) と言いました。

ルーシーがこの二つの音を一緒にして、最終的に身振りなしで「マ・マ」(ma-ma) と言えるようになったのは、それから四週間ほど経ってからでした。

とはいえ、私たちはちゃんと進歩していました。私たちは続けて、baby (赤ちゃん)、apple (りんご)、bye-bye (バイバイ) のような単語を学習しましたが、ママを言うことで子音と母音を合わせるというハードルを乗り越えたことから、今度はずっと簡単に言えるようになりました。

春学期が終わるまでには、そして、そのプログラムが終わるまでには、ルーシーが話せる言葉は四十語にもなっていました。彼女は絵本の絵や身のまわりの動物や品物を見て、それらの名称を言うことができました。そして、ジュース、ミルク、クッキーを要求することもできました。

そのうえ、ルーシーはしょっちゅうペチャペチャと片言の独り言を言っていました。乳幼児が喉を鳴らしたりおしゃべりをしているような声を出したりして何時間も過ごすように、ルーシーも声を出す実験をしていました。彼女はコミュニケーションの楽しみと効果を発見したのでした。彼女はうまく言えない単語があると、勝手に自分の言葉をこしらえたりしていました。

その秋、ルーシーはDPLのプリスクールには戻りませんでした。非常に残念なことに、ビジュー博士がほかの学校で教えるためにワシントン大学を去ったのです。ほかの事柄に関心を持っていた新しいディレクターが彼の後任として来ることになりました。治療プログラムは再開されませんでした。私は正常な三歳児のための研究用プリスクール・クラスの主任教師として新たに雇われることになりました。

ルーシーがDPLを去る前に、私は彼女の両親に会ってトレーニング・プログラムの概要を説明し、彼らが家庭で引き続きルーシーのプログラムを行ってくれることを願って、彼らに絵や本を与えました。夏が来て、ルーシーの進歩の具合が気になっていた私はレナード一家を訪ねました。ルーシーは依然として家族を操作していました。再び、「ぁん」という音が何度も繰り返されていました。私は、それを見て憂鬱《ゆううつ》な気持ちになりましたが、レナード一家はとても愛すべき人びとではあるけれどのんきな人びとだという事実を受け入れなければなりませんでした。ルーシーが今頃は言えていたであろう言葉を彼女に教えたり、彼女の望ましくない行動を修正するためにエネルギーを使うよりも、彼女の子どもじみた命令に応じている方がずっと簡単なことでした。私は、古い習慣というものは、子どもたちにとってだけではなく、大人たちにとっても、改めることはとても難しいことなのだということを悟りました。それでも、私はルーシーが今も私が彼女に教えた単語のいくつかを使ってペチャペチャとしゃべっているのを聞きました。このことは、私に彼女の将来についていくらかの希望を与えるものでした。私は、レナード一家にルーシーを幼稚園に入れることを勧めました。彼らが私のアドバイスに従ってくれていたら良いのですが。

臆病なトレヴァー

「私はトイレにも行けません」電話の声は若い、イライラした女性のものでした。

「医学的な問題ですか」と、私は尋ねました。

「いいえ。医学的な問題ではありません」

「それでは、どんな……？」

「私は彼を少しの間も放っておけないのです」

「誰？」

「トレヴァー」

「トレヴァー？」私は、どういうことなのか考えながら、愚かしく繰り返しました。

「私の小さな息子です」

「放っておけない、というのはなぜ……？」

「転んで頭にけがをするからです！」

私は、なんとなくわかってきたような気がしました。「トレヴァーは発作を起こすのですか」

「とんでもない！」

「あの……できれば……もう少し具体的に？」

「青くなって床に倒れるのです」

「医師に見ていただいたことはありますか」

「数人の医師に、何度も。彼らはそろって、どこも悪いところはないと言います。トレヴァーが頑固なのだと言うのです。彼らは私にあの子を無視するように言います。あの子が青くなって床に倒れるというのに、そんなことができますか！」

「トレヴァーは何歳ですか」私は、相変わらず、私たちが話し合うことになっていることがどういうことなのかわかろうとして尋ねました。

「二歳半です」

ああ。ようやく会話の内容が見えてきました。

「幼い子どもたちはそんなことを時どきします」私はなだめるように言いました。「彼らは怒ると呼吸を止めてしまいますが、実際に気絶してしまう子どものことは聞いたことがありません。子どもたちは普通その気がなくても思わず呼吸しはじめるものです。意識を失うまで呼吸を止めることは事実上不可能です」

「トレヴァーにはできるのです。そこが、あなたや医師たちが間違っているところです」

「気絶のことですが、確かですか」

「起きた後なのに？　冗談じゃないわ！　もちろん、確かです」

「では、一体何が起きたのですか」

「私は医師たちから言われた通りのことをしました。トレヴァーが呼吸を止めはじめたときに、私はあの子を無視して、部屋から出て行ったのです。そうしたら、私が心配していたようにあの子は倒れて、コーヒーテーブルに頭をぶつけてしまいました。五針も縫うような大けがだったのですよ！」

「まあ！　それはいつのことですか」

「二日前です」

「それで、あなたは怒っているのですね」

「恐ろしくて死にそうです！　もう、どうしたらいいかわかりません。医師は心理学部の誰かと話すように言いました。あなたには私を助けることができるのですか」

「もし、問題が行動上のものであって、医学的なものでないなら、おそらく」と、私は答えて、翌日の午後DPLに来るように彼女を誘いました。

お礼を述べ、来ることを約束して、トレヴァーの母親は名前を教えてくれました。

「私の名前は以前はダイアンでしたが、アルテミスに変えました」と、彼女は説明しました。

「月の女神にちなんで?」

「そう、その方がなんとなく自然に近いし……自然が好きだから。そうは思わない?」

「ええ、ええ、本当にそうですね」私は熱狂的に同意しました。

私は受話器を置くと外を見ました。子どもたちの遊び場の桜の古木には桜の花が咲き誇っていました。泡立つようにたくさんの白い花々をつけてずっしりとした大きな枝が、二階の私のオフィスの窓を軽く叩いていました。それは一九六七年五月のことでした。それより三ヵ月前に、私は特別教育で修士号を取得していました。この達成で幸福感に浸っていた私は、数年以内に幼児教育・特別教育における博士号取得を達成するためにアカデミックな梯子《はしご》をさらにもう一段昇ってみようという気持ちに再び駆り立てられることになるなどとは思ってもいませんでした。さしあたり、私はDPLのフルタイムの職員としての新しいポジションに満足していて幸せでした。私は当時、まだ正常な三歳児たちの主任教師でしたが、午後は幼い子どもたちの問題行動の修正に対する行動原理の応用に焦点を合わせた研究の時間に充てていました。一九六七年における行動変容は教育の分野ではまだ比較的新しいアプローチでしたから、結果として、そのテーマについて増えつつある文献に追加するための事例研究は慎重に記録して行うように、DPLの誰もが奨励されました。私は仕事のこの部分が気に入っていて、問題のある子どもたちと彼らの親たちを助けることによって得られる個人的な満足と同じくらいやりがいのあることでした。私は、トレヴァーは興味深いケースになるかもしれないと思いました。

翌日の午後、アルテミスは時間通りにやってきました。彼女は、今はからっぽの教室にトレヴァーを背負って入ってきました。紺色のショートパンツに赤いTシャツを着て、海の生物のような母親にぴったりとくっついたトレヴァーは、ほっそりとした、デリケートな感じの少年でした。細い腕を母親の首にからませ、むきだしの長い脚を彼女の腰に巻きつけていました。彼の顔は母親の肩にくっついて隠れていましたが、私には、彼の黒い巻毛が剃り落とされた頭皮に一列の縫い目があるのが見えました。

その若い女性は暑くて疲れているようで、前日の興奮状態とは対照的に、顕著に抑制されていました。

「バス停からずいぶん歩きました」彼女はため息をつくと、出された椅子に身を沈め、トレヴァーを膝にのせました。痩せて背が高く、青白いうりざね顔の彼女は、長い綿スカートと、刺繍の縁取りがしてある締まりのないブラウス、そして素足にサンダルといった一九六〇年代のヒッピー特有の服装をしていました。ビーズのついたヘアーバンドが彼女の額に弧を描いていました。長い茶色がかった金髪は彼女の背中にメイプル・シロップのように流れていました。

私は紙コップに入った冷たいりんごジュースを出しました。何口か飲むと、母親も子どもも落ち着いたようでした。トレヴァーは母親の膝からすべりおりると、彼女にもたれかかって立ち、紙コップの縁に口をつけたまま、利発そうな、厳粛なまなざしで、調べるように私を見つめました。彼は、私が彼の方にちょっと動いただけで、即座に顔をこわばらせて母親の胸に顔を埋めてしまうことから、極度に臆病なのは明らかでしたが、完全に正常な少年に見えました。しかしながら、トレヴァーの問題についてもっと知るべき時間でした。私はテーブルの上にいくつかのおもちゃを並べ、そして、彼をテーブルの方へ導こうと、トレヴァーの手を優しくとりました。

彼は鋭い叫び声を上げ、手を引っ込めました。

「アルテミス！」彼は母親のスカートをひっつかむと、ぐっとひとくち深く息を飲み込みました。

「呼吸を止めているわ！」アルテミスは苦悶して叫びました。

「トレヴァー、やめて！」彼女は彼を腕に抱え上げました。

彼の顔は赤くなっていました。唇と目は固く閉じられていました。

「ああ、あの子は青くなってしまうわ、私にはわかるの！　トレヴァー！　トレヴァー！」彼女は絶望的に彼を揺すりました。ストイックにトレヴァーは呼吸を止めていました。

「よろしいでしょうか」私は、トレヴァーを母親の腕から抱え上げて、二、三フィート先の敷物の上に彼を横たえました。

「アルテミス！」彼は危険を感じたように絶叫し、そして、即座に身を起こしました。呼吸は元に戻っていました。彼の射るような視線はすばやく部屋のなかを見回して母親をさがしていました。

「ここよ、トレヴァー」

彼は両手をついて急いで立ち上がると嬉しそうに母親の方へ走って行きました。トレヴァーが母親から容易には離れないと納得して、私はテーブルの上のおもちゃの方へトレヴァーを導くために、アルテミスに指示を与えました。私がテーブルの前に置いた椅子にトレヴァーがひとりで座るのを奨励する代わりに、アルテミス自身が座りました。トレヴァーは彼女の膝の上によじ登ると一組の重ねコップの方へ手を伸ばしました。彼がカップを積み重ねた後で、私は一枚のペグ・ボードと何本かのペグ〔微細運動技能を養うための教材のひとつで棒をさす板と棒〕を差し出しました。

「ペグちょうだい」と、トレヴァーは言語技能の良さを示しながら言いました。

私はもうひとつの子ども用の椅子を指さしました。私は、「ここにひとりで座りなさい」と彼に言い、「そうしたら、ペグで遊べますよ」と付け加え、次に彼の母親の方を向いて、「トレヴァーに、彼がどこに座ればよいか教えてあげて下さい」と言いました。

アルテミスは、自分の膝の上からトレヴァーをすべりおろして立ち上がりました。トレヴァーは彼女のスカートをつかんで頭を横に振りました。

「先生が言ったようにしなさい」アルテミスはうながしました。

トレヴァーは絶望的な視線を彼女に投げかけて深呼吸しました。

「ああ！」アルテミスは困惑したような目で私を見ました。

「彼を床に横たえ、そして遠ざかってください」と、私は指示しました。

「戻ってきて！」トレヴァーは、足を踏み鳴らしながら叫びました。

私が承認するようにうなずくと、アルテミスは彼に言いました。「おまえがその椅子に座ればね」

トレヴァーは従い、アルテミスは彼の横に座りました。私はペグ・ボードとペグをテーブルの上に置きました。小さなペグをせっせと均等に並べてさしていたトレヴァーの微細運動技能と注意集中時間の長さに注目しながら、私は彼の発達について意見を述べました。アルテミスの青白く心配そうな顔が初めてほころび、明るく輝きました。

「ああ、そうですか！　私は期待しているんです。私はずいぶん長い時間あの子と一緒にいますから。もっとも、あなたも見たようにどんなことが起こるかわかりませんから、一緒にいてあげなければならないんです。あの子は、私をあの子の目の届かないところには行かせてくれません。それに、ほかには誰もいませんから」

「一緒に遊ぶ子どもたちはいないのですか」

彼女は頭を横に振りました。

「あなた自身はどうですか。あなたと同年齢のともだちは？」

「私は……、シアトルに来てまだそんなにたっていませんから」

「もしかして、あなたはシングル・ペアレントですか」

「いいえ」、彼女は指にはめている細い指輪をひねりながら、「時どき自分でもそんなふうに思ったりすることがあるけど。ジャックはカナダの、プリンス・ルパートの近くの、どこかにいるわ。シアトルに引っ越してきたのはそういうわけ……国境に近いから」

私はいぶかしげに彼女を見ました。彼女はかすかに頬を赤らめました。「徴兵よ、わかるでしょ」

私は何も応えませんでした。彼女は突然、こわばった挑戦的な目で私を見つめました。

「ジャックは……私たちは……殺すことがいいことだなんて思っていないわ」

私は、ベトナムでの戦争のことや、この戦闘をめぐる論争のこと、そして、徴兵年齢にある二人の息子たちの母親としての私自身の気持ちのことなどに強烈に気づき、共感してうなずきました。アルテミスはまだ挑戦的でした。

「私は福祉援助〔生活保護〕なんか受けていません！　ジャックには仕事があって、私にお金を送ってきます！」

私は再びうなずいて、その若い女性に微笑みました。トレヴァーの問題に戻らなければなりませんでした。

「トレヴァーはいつから呼吸を止めるようになったのですか」と、私は尋ねました。

「トレヴァーが悪い風邪をひいて耳の炎症を起こした六ヵ月前からです」と、彼女は応えました。

アルテミスは、トレヴァーが泣いてむずかるので、何時間も彼を抱いて揺すっていたと話してくれました。そんなときにこともあろうに、ジャックは〔徴兵からのがれるため〕国境を越えて行ったのでした。トレヴァーは痛みのために泣いていないときには、大きな声で父親を呼んでいました。

「ヤック……ヤック……」と、アルテミスは少年の真似をしました。「トレヴァーはパパが大好きなんです。ジャックとは言えないものだから、ヤックと呼んだわ。気づいたでしょ、トレヴァーは私たちのことを名前で呼ぶんです」

「ええ、気づいていましたよ」私は応えました。

アルテミスは話を続けました。

「ある晩、トレヴァーは高熱のために目を覚ましました。あの子は苦しくて泣きながらベビーベッドのなかでのたうちまわっていましたが、突然、喘いで、息が詰まりはじめ、呼吸が止まったんです。私はもうびっくりして、あの子をベビーベッドから急いで抱き上げ、揺さぶると、また呼吸しはじめました」

数日後、前回ほどではありませんでしたが泣き続けたときに、呼吸停止が再び起こりました。アルテミスは彼を抱き上げて揺すりました。次第に、アルテミスは、トレヴァーを泣かせるかもしれないもののすべてに恐怖を感じるようになりました。こうして、トレヴァーの病気が回復する頃までには、ひとつのパターンが確立されていきました。アルテミスの心配が増すにつれて、トレヴァーのコントロールも増していき、私が目撃したように、母親からの物理的な分離というようなちょっとした恐怖でも、即時の呼吸停止や頭の怪我というような実質的な危険を引き起こすようになっていったのでした。

「どうしてトレヴァーを床に寝かせたのですか」と、彼女は私に尋ねました。

「もし彼がすでに横になっていれば、倒れてけがをすることはないでしょう?」と、私は応えました。

もちろん、トレヴァーには、このことで母親をコントロールしているという自覚はありませんでした。たいていの幼い子どもたちがそうであるように、トレヴァーは母親に大きく依存していましたが、特に、彼らが孤立するようになってからは、彼にはほかの誰かと関わることを学習する機会がありませんでした。彼が愛着を感じているたったひとりの他者であったジャックは行ってしまいました。将来のことや時の経過についてのはっきりした理解のない小さな子どもにとって、父親の突然の消失は、とてつもなく恐ろしい出来事であるに違いありません。しかも、トレヴァーが特に情緒的ストレスに脆《もろ》い状態になっていたときに、ジャックの出発のときが来たのでした。病気は、彼の正常な幼児としての母親への依存度を必然的に増幅し、母親も消えてしまうかもしれないという潜在的な不安を増大させたのでした。

呼吸停止の最初のエピソードが起きたのは、身体的・情緒的ストレスの状態にあったときでした。このようなエピソードは、時に、神経生理学的な未熟さに帰因することから、三歳までには消失するであろうと考えられています。しかしながら、私がトレヴァーに会うまでに、彼の呼吸停止は、母親の消失をとてもうまく防ぐことのできるひとつの方法として、学習された行動になっていたのでした。

トレヴァーの問題を考えると、私には二重の課題があることがはっきりと理解できました。まず、アルテミスが再びコントロールすることができるような状況を作り出すことが必要でした。これを達成するためには、アルテミスが、トレヴァーの安全を危険に晒《さら》すことになるのではないかという恐れを抱くことなく、彼の呼吸停止を自由に無視できるようにならなければなりませんでした。床の上にトレヴァーを置くという行為は、彼女にこの自由を与えました。子どもの安全が確保されたことで、彼女は子どもから遠ざかることができ、それによって彼女が持つべき「コントロールする権利」を取り戻すことができたのでした。この戦略が効果的であったことに満足して、私は二番目の課題に注意を向けました。これは、トレヴァーに、母親からの短時間の分離は永久的な損失を引き起こさないということを教えることでした。トレヴァーは、社会的な成熟や自立を確立するためにすべての子どもたちが学ぶこと、つまり、母親は離れるかもしれないがまた戻ってくるのだということを学ばなければなりませんでした。

私の仮説をアルテミスに説明した後、私は一枚の紙を取り出し、トレヴァーのトレーニングのステップを段階を追って書き記しました。それは単純な計画でした。予告の意味でタイマーを十五秒にセットして、アルテミスは、トレヴァーが抵抗したり呼吸を止めたりする前に、彼を床の上に横たえて、部屋から出て行きます。タイマーが鳴ったらすぐに彼女は戻り、トレヴァーが待っていたことをほめ、そして、タイマーが鳴れば彼女は戻ってくるのだということを再確認させます。ゴールは二つの部分から成り立っていました。ひとつは、アルテミスのいない時間を十五秒間から三分間までに増やすというものでした。もうひとつのゴールは、アルテミスがトレヴァーのそばから離れようとしても彼が呼吸を止めることがなくなり、そのために部屋を出て行く前に彼を床の上に横たえる必要がもはやなくなる時点で達成されるというものでした。

こうしたいくつかの条件にもかかわらず、アルテミスは私の計画に賛成しました。私たちはトレヴァーにタイマーを示し、それがどんなものなのか実際に使ってみせました。それから、トレヴァーが抵抗したり呼吸を止めたりする前に、アルテミスは彼を敷物の上に横たえ、彼から見えない所に行きました。タイマーが鳴って、彼女が戻ると、トレヴァーは笑顔で彼女に挨拶しました。大いに励ましながら、私たちはこの練習をさらに数回繰り返しましたが、いずれも同じように成功しました。

「彼は理解してきていますね」と、私はアルテミスに言いましたが、同時に、彼女に焦って事を先に進ませないようにと注意しました。とりわけ、トレヴァーの不安を増してしまわないように注意することが重要でした。トレヴァーは母親からの分離に十五秒間なら耐えられそうでしたが、もしも母親のいない時間を急速に増やしてしまうことで、彼が現在耐えることができている不安を増幅してしまうことになれば、かえって学習過程を遅らせることになってしまいます。

トレヴァーとアルテミスがＤＰＬから離れる前に、私は彼女にトレヴァーのトレーニング・プログラムの概要を与え、毎日電話で彼の進歩を私に報告するように指示しました。私はまた、私の補助教員のダフネを彼女に紹介しました。修士課程の学生であるダフネは二人の小さな子どもたちの母親で、離婚していました。まだ二十歳代前半でしたが、ダフネは母親として、学生として、また、教師としての生活をうまく処理していました。私は、彼女がアルテミスにとって良い役割モデルになってくれるだろうと信じていましたから、トレヴァーの進歩の具合をモニターするために、彼女が週に二、三回アルテミスを訪ねてくれると自発的に申し出てくれたことを嬉しく思いました。

ダフネの支援と毎日の電話によって、アルテミスとトレヴァーは急速な進歩を見せました。プログラムがとても順調に進んだので、二週間後に、私はアルテミスに電話報告をしなくてもよいということや、ダフネの訪問が週一回に制限されるようになるということを伝えました。

アルテミスが、トレヴァーが以前の行動に逆戻りしたと報告してきたのは、私たちがこの新しい方法を実行して間もなくのことでした。彼は泣き、しがみついて、息を止めているというのです。

「信じられません」と、ダフネは言いました。「前回、私があそこにいたときには、アルテミスは三分間も部屋を離れていました。トレヴァーは積み木で遊ぶのに夢中で、彼を床の上に寝かせる必要さえありませんでした。行って確かめてくるようですね」

「アルテミスが何を言っているのかわかりません」と、翌日ダフネは報告しました。「何も悪いところはないのです。トレヴァーの行動も完璧でした。私はアルテミスに、私は一週間後に来るけれど、それより早くは来ないと言いました。実際のところ、もうまったく行かなくてもいいくらいなのです！」

「彼女は何て言ったのですか」私は尋ねました。

「彼女は泣きはじめました。彼女は私にトレヴァーのことが心配で心配でたまらないと言いました。そして、私の助けなしにはどうすることもできないと言うのです。どうなっているのかわかりません」

「わかるような気がするわ」と、私はゆっくりと答えました。「アルテミスは私たち、を操っているのです。彼女は寂しくて、あなたのことを仲間として引き留めておこうとしているのです。彼女は、トレヴァーの問題がある限り、あなたが訪ねて来てくれるだろうと思って……それで、実際にはありもしない問題を創り出しているのです」

「このままで彼女を切るわけにはいきませんね！」

「ええ」私は同意しました「でも、私たちは随伴性〔contingency：行動変容のために随伴させる事柄〕を変えることはできます。〈賭け金〉をつり上げましょう。トレヴァーのために新しいゴールを設定するのです。さあ、彼が保育園へ入れるように準備しましょう。その間、あなたは新しい進歩が報告されたときだけ訪問するのです」

ダフネはアルテミスに、トレヴァーが四分間ひとりで遊ぶことができるようになったらすぐにまた訪問すると言いました。そして、アルテミスとトレヴァーの両方が仲間を見つけることができるように地域共同体のプリスクールをさがすことを奨励しました。アルテミスは、トレヴァーの行動の肯定的な部分に集中しはじめると、自信が持てるようになり、そして、徐々にダフネの援助に依存することが少なくなっていきました。最終的には、彼女は私に電話をするのをやめ、ダフネの訪問も終了しました。

大人ばかりでなく子どもたちにおける操作的な行動というのも目的に達するための手段です。呼吸するための空気や食物、生きるための温もりというような基本的なニーズは別として、子どものそのほかの基本的ニーズは注意を得ることで、その結果として、支配するのです。ほとんどの操作的行動はこの注意を得ることが目的なのです。親の関心をひこうとする子どもたちは、食べたり話したりすることを拒否したりすることによってイライラさせたり、トレヴァーのように母親にまとわりついて彼らが切望する注意を得ようとするのです。大人が肯定的な行動を無視すると、よくあるのは悪戯や無視できないような行為などを通してなのですが、子どもは注意を向けてもらうためにほかの方法を見つけるものです。基本的に、操作的行動は、子どもの期待される知的・社会的発達を阻害することから有害なものと言えます。操作的行動はまた、疑いを持たない親たちを無意識につまずかせる罠にもなります。このことから、親たちにとっては、こうした行動が起きたときに気づくこと、それを回避することが最も重要なのです。子どもの操作的行動は一度でも成功すれば何度でも繰り返され、徐々にエスカレートして、トレヴァーやルーシーの場合のように深刻な問題にまで発展していくものなのです。私は、すれすれのところでこのような罠にかかるのを免れましたが、私自身の子どもとのある出来事を思い出します。

ある晩、私がシアトルでの重要な「家族生活」の会合に出席するために出かけようとしていると、九歳のマイクがすねて私に行ってほしくないと告げました。私は、仕事だから行かなくてはいけないと説明しました。私の応えに不満だったマイクは、私が化粧をしているバスルームにまでついてきました。

「もし、行くなら」と彼は私に言いました。「喘息の発作を起こしちゃうから」

恐怖の衝撃が私の心臓を襲いました。私は、彼が小さい頃に悩まされていた恐ろしい発作のことを思い出しました。私は吸入器のヒューヒューという湿った音や彼の絞め殺されそうな息づかいを聞きながら、だらだらとした時間が早く過ぎてくれることや飲んだ薬が早く効いて苦痛を取り除いてくれることを願いながら、彼を腕に抱いて座っていたあの長い夜を思い出しました。私は、寂しく暗い時間を流し去り、彼をリラックスさせようと、恐怖を隠しながら話してあげた物語や、歌ってあげた優しい歌を思い出しました。

これらすべてのことを思い出しながら、私は息子の現在の健康の簡単な精神的調査をしました。三年間の治療の後、たまの軽い喘鳴《ぜんめい》を除けば、ピルによって容易にコントロールできるようになり、マイクはもう喘息持ちではなくなりました。少なくともこれまでの三年間は。事実、彼は健康なスポーツ好きの少年でした。そのときは花粉の季節も過ぎていて、風邪もひいていませんでした。私には、彼が喘息の発作を起こすような理由は何も見あたりませんでした。

私はその脅しによって驚き、恐れて、マイクが自分の意志で喘息の発作を引き起こすことができるなどと彼が考えることを許すわけにはいきませんでした。そういうケースもあるからです。そして、彼が発作の可能性を私に対する武器として使うことができるなどと彼が信じることを許すわけにもいきませんでした。彼のためにも、彼がこんな方法で私を操作することを許すわけにはいきませんでした。私は心を鬼にして、口紅を塗り続けていました。

「私はあなたが発作を起こすなんて思わないわ」私は、穏やかに、何気ない声で彼に言いました。

「もし、発作を起こしたら、ピルを飲みなさい。どこにあるか知っているでしょう」

マイクはそれ以上抗議するのをやめました。私は彼にさよならのキスをして、会合へ出かけました。マイクのことを心配していなかったと言えば嘘になるでしょう。子どもたちがどんな非常事態にも完璧に対処することのできる父親と一緒に家にいたという事実も、私を安心させることはなく、私は会合が終わるまでずっと心配し通しでした。その夜十時半に帰宅すると、子どもたちはそれぞれベッドで眠っていました。マイクは大丈夫でした。喘息の発作はありませんでした。

トレヴァーの話は、問題がとても容易に解決され、ダフネも私もこのケースを重大な研究プロジェクトにするための正確なデータを充分にとる暇がなかったことから、これまで事例研究として書いたことはありませんでした。それにもかかわらず、それは興味深い学習経験であり、確実に、私たちは二人とも操作的行動のダイナミックス〔力学〕についての新鮮な洞察力を獲得したのでした。

第6章　ファークレスト

　私は窓のそばに立ち、校舎に続く曲がりくねった道に思春期の少年が突然現れ、近づいてくるのを見ていました。少年は両腕を翼のように広げ、ゆっくりと大きな円を描きながら踊っていました。小麦のように伸びた髪が太陽の光のなかで輝いていました。若い動物のような力強さで、らせんを描きながら私の方へやってくる彼の周囲には、木から舞い落ちる一枚の木の葉のように優雅で力強く、何者にも妨げられない明るさと輝きがありました。それは、雲一つない八月の青空を背景にした黄色い木の葉のようでした。聞くことも話すこともできない踊る少年を、私は、「ピーターパン」のようだと思いました。

「ブライアンが来ましたよ」私は、教室の反対側の隅で本を整理していたクレアーに話しかけました。

「ブライアン？」彼女は驚いて肩をすくめ、ドアの方を振り向くと、彼がゆっくりと流れるように教室に入ってきました。

「学校？」ブライアンは指でサインをつくって見せました。

「いいえ、学校はもうありません。あとで。今はありません」と、クレアーはサインで応えました。

「学校・ほしい！」ブライアンは強い調子でサインして、自分の席に座りました。

「休み。バケーション。学校はもうありません」クレアーは、同じように強い調子の身振りで応えました。彼女は本と書類の山を分類して、初級読本と算数のワークブックをブライアンに手渡しました。

ブライアンは微笑みました。「勉強？」

「そう、勉強。家でする勉強ですよ」そう言って、クレアーはブライアンの肩に手をかけ、教室から出て行くように優しくうながしました。ブライアンはそれらの本を小脇に抱え、レジデンス・ホールへ向かって踊るように帰って行きました。

それは一九六七年の八月のことでした。私はその三ヵ月ほど前に、シアトル市内にある発達障害の児童および成人たちのための州立学校のひとつであるファークレストの四十人の生徒たちの教育のためにパイロット・プログラムを開発する目的で招かれていました。教師二人と聴覚機能訓練士一人、そして、心理学者一人がこのプロジェクトのために私を補佐してくれることになっていました。

私は、夏のこの仕事を引き受けるにあたって、レィニエー州立学校での最初の日を思い出しました。私は、そこで見たものがどれほど恐ろしく私をすくみあがらせ、また、施設の境界線のなかだけでなく不完全な心や身体のなかにも囚われの身となっていた子どもたちのために、そこで最初に蒔かれた未来への希望の種がどれほど私の心のなかに深く根を張らせることになったかを思い出しました。それから二年経ち、不慣れな新任としてではなく、以前にビジュー博士が私に立証してくれた、以前はそのような達成はとうてい無理だと考えられてきた人たちでさえアカデミックな学習が可能であるということを再び立証するための特使として、最初のアカデミックなプログラムをファークレストで確立するために、同じような環境に戻ってきたのでした。

このパイロット・プログラムには九歳から十九歳の二十三人の男子と十七人の女子がいました。彼らのＩＱ《アイキュー》（スタンフォード・ビネー Stanford Binet によって測定された知能指数）の平均値は、正常な人たちの平均を百とした場合に二十六で、問題や障害の種類もさまざまでした。脳障害や聴覚障害、または情緒障害の子どもたち、そして、ダウン症の子どもたちもいました。多動で破壊的そして攻撃的な子どもたちや、また、静かで動きが少なくひきこもりがちな子どもたちもいました。

その学生たちのうちの七人は二語文ないしは三語文を話すことができました。単語を五、六語くらい話せる子どももいました。しかしながら、大半はどんな表出言語もまったく持っていませんでした。これまでの人生のなかで、私はこれほど多くの打ち勝ちがたいような問題を持つ、これほど多種多様な人たちと向かい合ったことはありませんでした。学校の初日が近づくにつれて、私はいよいよ神経質になりました。これまで私が受けてきた訓練や経験のすべてはプリスクールの子どもたちとの取り組みでした。今や、私は重度の障害をもつ学齢の生徒たちや思春期・青年期にある人たちを扱わなければなりませんでした。四十人の破壊的で、ひょっとしたら攻撃的でもある人たちの集団が一つの部屋に群がっていることを想像しただけで、絶望的な思いでいっぱいになるのでした。どう対応したらいいのでしょうか。私は思い悩みました。大混乱を避けるために、うまくコントロールしていくことができるでしょうか。幸運なことに私はひとりではありませんでした。私は、スタッフがいることや、マーゴとクレアーの二人の教師たちが、公立学校の特別教育クラスで教えていたという事実をありがたく思いました。私は彼らのサポートが信頼できるものだと思っていました。とはいえ、プログラムを順調にスタートさせ、ゴールを確実に達成させるという責任は私にかかっているのでした。

十二人用に設計された部屋に四十人の生徒たちを収容するために、私は一日を九十分単位で四つに区切り、一回の出席者を常に八人から十二人になるようにしました。正方形で照明状態の良い教室は、丈の高いキャビネットや棚で分割して、一人の教師が一度に三人から四人の生徒を監督できるような作業領域を作りました。

学校の初日に、私たちは、着席行動から課題への取り組みまで、なぐりがきから書写まで、色や物の認識から読むことや数えることまでというような、連続した形のリストにしたさまざまな課題について子どもたちを評価しました。それぞれの正しい答えに対して点数が与えられました。三十六点は満点を意味していました。評価〔assessment：アセスメント〕に続いて、子どもたちは能力と指定された課題のための前提条件が満たされているかどうかによってグループ分けされ、クレアーかマーゴ、または私が受け持つことになりました。不適応行動の割合が最も多く、テストの結果も零（ゼロ）から九点の二十二人の被験者は、行動変容プログラムに配置されました。このプログラムの焦点は、子どもたちが、教室のなかで静かに座り、教師と視線を合わせ、模倣し、日課や指示を遂行し、そして、最終的には、積み木やパズル、ペグなどの基礎的な操作的教材との取り組み方を学習するように教えることでした。

八人の子どもたちは教育前プログラムを始める準備ができていました。このクラスでは、生徒たちは、色や幾何学的な形、絵、数字、そして、アルファベットの文字などを区別したり、照合したりすることを学びました。私がルーシーと取り組んできたような模倣や言語訓練もまた、このカリキュラムの一部でした。

残りの十人の子どもたちは、事前に行ったテストの点数も良く、教育プログラムに入ることができました。子どもたちは、読み、書き、算数の指導を受けることになりました。単純な単語と単語の照合や、単語と絵の照合から始めて、読むプログラムは入門用の読本からの読みへと進みました。なぐりがきや、点と点をつなぎあわせて線をひいたり、なぞったりすることから始めて、書くプログラムは文字や単語、そして数字を書くことへと進みました。

数学的概念は、数字の認識や数の並びから始まって、物と数との対応へと進みました。物を壊す、叫び声を上げる、叩く、噛みつく、または、頭を打ちつけるというような自己刺激行動などのきわめて破壊的な行動は、教師が注意を払うことをやめたり、問題を起こしている子どもを教室に併設されている何もない小さな部屋に隔離することによって排除していきました。すべての正しい反応や行動は、ほめ言葉によって、または、ほめ言葉と食べ物やトークンを合わせることによって充分に報いられました。プログラムを通して強調されたことは、望ましい行動のすべてに対して教師は熱心に反応するということでした。プロジェクトの最後の週、つまり、開始後八週間目に、私たちは再び生徒たちを評価しました。その結果は喜ばしいものでした。この時点で二十四人の生徒たちが教育プログラムにいました。十五人は教育前レベルの課題に取り組んでいました。一人は病気のために学校を去りました。行動変容プログラムにそのまま残っていた生徒は一人もなく、どの生徒もより高いレベルに進んでいました。二、三のささいな出来事を除いて、私たちの取り組みは驚くほど順調に進みました。今でも、私はスタッフの援助と私たちの間に確立された信頼関係の価値を重く見ています。そして、生徒たちを親愛の情をもって懐かしく思い出します。そのうちの何人かは特に鮮やかな記憶として今も私の心に残っています。

ジェリー

ジェリーは、丸顔でそばかすのある、赤毛の九歳の少年でした。ジェリーは行動変容プログラムにいて、私が彼の担当でした。ジェリーは脱走しました。彼を阻止するのは不可能に思われました。手をつかんでいても役に立ちませんでした。うなぎのようにスルッと逃れたかと思うと、椅子をひっくり返し、机の書類を払いのけ、猛烈な勢いで教室を通り抜けると、廊下めがけて突進し、通路に飛び出していくのでした。脱走したり物を倒したりしただけでなく、ジェリーは物を噛んだりもしました。むさぼると言ったほうがいいくらいで、紙や、木の鉛筆やペグ、何でも噛みました。ある日、ジェリーが脱走しないように机で塞《ふさ》ぎ、彼を隅に押し込んでなんとか制止した後、私は小さな木製のペグの入った箱を彼の前に置きました。彼の手がバイパー〔クサリヘビ〕のようにすばやく動きました。そして、ペグを鷲《わし》づかみにすると、あっという間にそれを口のなかに詰め込み、まるで鉛筆削りのようにそれらを噛み砕いたのです。恐ろしくなった私は、指を失う危険を冒して、彼の口をこじあけ、粉々になった木の破片を掻き出しました。

私は三週間ジェリーに取り組みました。その期間が終わるまでには、脱走はコントロール下に置かれるようになっていました。ジェリーは、私の横を歩き、仲間たちと一緒にいることを学びました。彼は、自分の椅子に座ったまま、ペグを箱から出し、それらを口のなかにではなく、ペグボードの穴に一本ずつきちんとさしていって、ボードを五十本のペグで満たすことも学びました。その練習が終わったときに、私は彼にたくさんのほめ言葉と、アイスクリームを少し与えました。彼に正しくペグをさす方法を教える過程は、「ペグボードにペグをさすたびにティースプーン一杯のアイスクリームを受け取る」という所定の手順で始まりました。私は次第に彼がごちそうを受け取る前にさすペグの本数を増していきました。

残念ながら、ジェリーがペグボードの全部の穴にペグをさすことができるまでちゃんと取り組んだその日に、彼はシゲラ〔赤痢菌の典型種〕に罹《かか》ってしまいました。シゲラは下痢症状をもたらす伝染性

の高い病気です。彼の棟全体が隔離され、ジェリーはやむなく中途退学することになりました。(8)

トムとディックとハリー

クレアーが行動変容クラスの三人の十七歳の青年に取り組みはじめた二日後、彼女は私に苦情を言ってきました。

「どうにかしなければなりません。あの子たちとの学習は無理です」

彼女が言っていることはわかりました。その頃はちょうど異常に暑い日が続いていて、クレアーのクラスは午後でした。午後までには、太陽に一日中焼かれた私たちの木造の建物と教室はもう充分に熱くなっていました。開いた窓からは時おり新鮮な空気が入ってきましたが、少年たちの身体から発散していた吐き気を催すような刺激臭を消散させてはくれませんでした。

「そうですね」私は同意しました。「あの子たちには身体を清潔に保つための衛生コースが必要です」

翌日、私は手ぬぐい三枚とタオル三枚、防臭効果のある石鹸一個、防臭スプレー一缶、そして清潔なシャツを数枚持ってきました。私はそれらの品物を生活用品庫で入手しました。居住者たちはさまざまな慈善組織から寄贈された洋服を着ていましたから、そうしたシャツばかりではなく、タオルや石鹸を手に入れるのも簡単でした。必要なものをファークレストのハウスキーパーに伝えると、私は衣服やそのほかの品物がごちゃまぜに入った大きな箱でいっぱいになっている大きな地下室に行くように指示されました。それらの箱をかきまわしてさがすと、必要な品物のすべてを見つけることができました。

少年たちが学校に到着したとき、クレアーと私は彼らをバスルームに連れて行き、彼らが着てきた臭《くさ》いシャツを脱ぐように言い、そして、どうやって体に石鹸の泡を塗り、すすぎ、拭いたらよいか教え、そして防臭剤のつけ方も教えました。少年たちはかなり多くの監督を必要としましたが、彼らは愉快なユーモアをもって応じ、そして、清潔なシャツを身につけ、オールド・スパイスの香りをさせて、バスルームから最終的に現れたときにはもったいぶったような笑みを浮かべていました。これが日課となり、ついに私たちの監督がなくても、若者たちは清潔さと「防臭」を保つことができるようになりました。

スラッゴ

すべての施設がそうであるように、ファークレストも一部は暴力的な精神病の居住者たちのために割り当てられていました。これらの不幸な人びとは、別棟の厳重な安全管理のもとで収容されていたので、一般に、彼らの世話のために直接関わる人以外の目に触れることはありませんでした。これらの孤立した居住者たちのなかにスラッゴというニックネームの若者がいました。スラッゴは、収容されていた病棟から逃げ出しては凶暴に暴れまわり、行く先々で物を壊していくということで有名でした。

私のファークレストにおける八週間のプロジェクトも終わりに近づいた頃のある朝、学校に到着すると、私たちの教室の正面ドアが蝶つがいのところで引き裂かれていて、そこに古い網戸が取り付けられているのを発見しました。

「何が起きたのですか」私は建物のなかにたまたまいた管理人に尋ねました。

「スラッゴがまた気が狂って暴れまわり、窓を十個壊すと、あんたのところのドアを蹴破ったのさ」

「修理してもらえるのですか」

「新しいものを店で作ってもらっているが、ちょっとかかりそうだね。とりあえず、窓を修理しないと。ガラスが全部壊れて、子どもたちが怪我でもするといけないからね」

私は文句を言わずになかに入ると、その日の最初のクラスの準備にかかりました。

ついにまた金曜日の午後になりました。その週のクラスは終わり、みんな家に帰ってしまっていました。私は植物に水を遣るために残っていました。ちょうど水差しに水を満たしたところで電話が鳴りました。ファークレスト学校の秘書からの電話でした。

「あなたに警告するように言われました」と、彼女は言いました。「スラッゴが外に出ました。今、みんなで彼をさがしているところです。もしかしたら、あなたのところへ向かっているかもしれません」

「ありがとう」電話を切ると、私は網戸に鍵をかけ、窓の外を見ました。誰も見えませんでしたが、私は急いで仕事を済ませ、できるだけ早くここから離れようと思いました。

二～三分後、私は網戸をすさまじい勢いで叩く音と激怒したクーガ〔山地に住むアメリカライオン。ピューマ、パンサーなどとも言う〕の遠吠えのような声を聞きました。廊下の方を見ると、壊れやすいドアを蹴ったり叩いたりしている黒い人影が見えました。私はまだ手に水を満たした水差しを握っていました。考えもしないで、私は前の方へ走って行くと、彼の顔に水を浴びせかけました。ほんの一瞬、網戸を通して私たちの目がかち合いました。彼の黒い目は、眠っていたところを突然ぎくりとさせられた人のように大きく広がりましたが、彼の濡れた顔は、怒りや感情をまったく洗い流してしまったように空白でした。私はこの乱暴で混乱した少年に哀れみの気持ちが高まるのを感じました。

「家に帰りなさい、スラッゴ」と、私は毅然として、それでも、不親切な声ではなく、手に負えない子犬にでも話しかけるように言いました。

ぼさぼさ髪の頭から水を振り落とし、素直に方向を変え、彼はすごすごと立ち去って行きました。

ブライアン

私たちの「踊る少年」、ブライアンは、最も顕著に進歩が見られた生徒のひとりでした。私たちが初めてブライアンに会ったとき、彼は機械のような無感覚の状態で空間を動くロボットでした。まるで呪術医の邪悪な呪いにかかった死者のように、言われない限り、彼は反応することも自発的に行動を開始するということもなく、言葉もなく、引きこもったままで、表情の変化もなく、目はどこか遠くの方を見ているようでした。ブライアンの両親は、彼が幼い頃に、彼がどんな知的思考も不可能なほど重度に遅滞のある状態で生まれてきたと言われました。その結果、両親は彼を捨てました。ブライアンは施設に入れられ、忘れられてしまいました。パイロット・プログラムでクレアーが彼と取り組むようになるまで、この最初の診断に疑問を持つ者は誰もいなかったのであろうと思われました。彼女自身が十代の息子たちの母親として、クレアーは、この静かで凍った少年にひきつけられました。そのうえ、ブライアンの行動は、彼女がファークレストの外の特別教育クラスで遭遇した難聴の子どもたちのことを彼女に思い出させました。

クレアーはブライアンにサイン・ランゲージ〔指文字や手話〕を教える決心をしました。彼女は、彼に身近な物の絵を示しながら、指文字と、指で示した単語を言うことから始めました。来る日も来る日もクレアーは練習を繰り返し、ブライアンは来る日も来る日もただ受動的に眺めているだけで、起こっていることについては無関心のように思われました。そして突然、彼は生き返ったのです。私はその朝のことをよく覚えています。クレアーはもう一度ブライアンと取り組み、またしても彼からの反応は何もありませんでした。果敢にも、彼女は彼にもう一枚の絵を見せました。それはジャケットの絵でした。

「ジャケット」と、彼女は言い、その単語を指で示してみせました。

ブライアンは椅子を後ろに押しやり、大股で歩いて廊下のコート掛けのところまで行くと、誰も彼に追いつかないうちに、自分のウィンド・ブレーカーを持って戻ってきました。彼はそのジャケットをテーブルの上にある絵の隣に置きました。彼はまっすぐクレアーを見つめ、彼の灰色がかった青い目は激しい勢いで燃えていました。それはまるで彼のなかにくすぶっていた何かが突然燃え上がったかのようでした。

「ジャケット」と、クレアーは繰り返し、ジャケットの文字を指で示しました。熱心に、苦労しながらブライアンは彼女のジェスチャーを真似しようとしました。

「そうよ、そうよ！」クレアーは感嘆して叫びました。彼女の目は涙でかすみました。彼女は彼の指に手を添えて、適切な指文字のかたちを教えました。

彼の目のなかの炎は、美しい内発的な笑顔となって顔一面に広がりました。繭から抜け出てくる蛾のように、ブライアンは立ち上がり、腕を高く上げて広げると、ゆっくりと優雅な円を描きました。妖精のゴッド・マザー〔名付け親〕クレアーは呪いを解き、魅力的な若い王子は自由の身になったのでした。

その瞬間から、ブライアンはどんどん先へ進み、数学、読み、書き、スペリングなど、クレアーが彼に提示したすべての課題を修得していきました。ブライアンは決して精神遅滞ではなく、もしかしたら彼は重度の聴覚障害者として生まれたのかもしれません。十六年間も放っておかれ、彼の難聴についても何もされないままだったので、ブライアンが取り戻さなければならない事柄は膨大な量にのぼりました。しかしながら、プログラムが終わる頃までには、ブライアンは順調に取り戻していました。

そのほかの事柄のなかで、クレアーは彼に、代数への基本的アプローチとそれほど異ならない、抽象的な方法で数を扱う新しい数学を教えました。クレアーは黒板に問題を書きました。もしa＋b＝cで、a＝c－bなら、bは何と等しいのでしょうか？　ブライアンはチョークを一本取り上げると、自信ありげに正しい答えb＝c－aを書きました。ブライアンがこれらの新しい概念をいとも簡単に飲み込んだことで、私は畏敬の念と信じがたい思いでいっぱいになりました。疑いもなく、ブライアンは知的にとても高い少年だったのです。

パイロット・プログラムが終了した後でさえ、クレアーはブライアンとの接触を維持しました。彼は彼女の家にしばしば客として招かれ、何日も滞在していきました。ブライアンは依然としてファークレストに住んでいましたが、その年の秋には聴覚障害児のための公立学校のクラスに出席するようになりました。数年後、私は、ブライアンがファークレストを去り、ペットショップでドッグ・グルーマー〔犬の訓練や世話をする人〕として生活費を稼ぎながら、ひとりで暮らしているということを知りました。

もしかしたら、ブライアンの変容のように劇的なものではないかもしれませんが、そのほかにも、個々の達成ということでは等しく喜ばしいサクセス・ストーリーがありました。たとえば、トリーシャです。トリーシャは幼少期からファークレストに住んでいたダウン症の十一歳の少女でした。彼女は二、三の単語を話す愛嬌のあるすなおな子どもで、たいていは大人の要求に注意を向けて従いました。それでもトリーシャは、子どもたちが普通は生後三年から四年の間に修得するはずの教育前技能を何ひとつ身につけてはいませんでした。教育前クラスにいるほかの子どもたちと同様に、トリーシャにもパズルや積み木との取り組み方や、色や形、そして、絵に描かれた物の照合や弁別の方法について教える必要がありました。

トリーシャは学習するのが速く、色や絵の認識から単語や文字へと迅速に進みました。八週間のプロジェクトが終わる頃までには、トリーシャは入門読本を読んでいて、もっと高度な読本に取りかかる段階になっていました。

一番良かったことは、パイロット・プログラムの終わりが私たちの努力の終わりの合図にはならなかったということでした。逆に、プロジェクトはファークレストの永続的なスクール・プログラムのための新たな出発点となりました。そのうえ、大学での仕事に戻るために私がファークレストを去った後も、マーゴとクレアーは私たちが始めたことを継続するために残りました。

ファークレスト・スクール・プログラムが九月に再開したとき、トリーシャは戻ってきた生徒たちのなかのひとりでした。三年後、トリーシャは、里親の家庭で暮らし、普通の公立学校制度のなかの特別教育クラスで授業を続けるためにファークレストを離れました。成人したトリーシャは、グループ・ホームで生活し、福祉作業所で働いています。

パイロット・プログラムの開始後五年、百七十人の子どもたちが出席することでファークレスト・スクールは運営を継続しました。私がこの追跡情報を集めたときは、行動変容レベルに入学した生徒が三十八人、教育前プログラムに出席した生徒が五十八人、教育的な取り組みをした生徒が六十二人、そして、職業訓練を受けた生徒が十二人もいました。さらに十七人の居住者が、公立学校に通っていたり、または、福祉作業所で働いていました。施設収容主義（institutionalism）という硬い壁に、外の世界への一筋の細い裂け目が現れていたのです。

第7章 デ[*]ニス

秋学期が始まり、私はＤＰＬにおける任務に戻りました。フローレンス・ハリスは、ファークレストで達成されたことについて大いに喜んでくれました。彼女の言葉は私の気持ちを暖かくしてくれましたが、パイロット・プログラムが終了したその日から私の達成感につきまとっていた愕然とした気持ちを追い払ってくれるものではありませんでした。私の心を捕らえていたのは、私たちがファークレストで九歳から十五歳の生徒たちに教えたそれらの技能はまさしく、正常な子どもたちなら生後三年の間に獲得する内容のものであるという現実でした。

私は自問しました。もしも、これらの能力が正常な赤ちゃんたちに現れるのと同じ時期に、私たちがハンディキャップをもつ乳幼児たちにこれらの基礎的発達技能を教えはじめたら一体どうなるでしょうか。この早期の訓練が、障害児に経験による利益をもたらし、彼らの発達を促進させることにはならないでしょうか。こうした疑問をあれこれと考えながら、私はこれらの考えを実践に移すことのできるひとつの方法を自分の思いのなかにさがし求めていました。

幸運にも、今日では、乳幼児プログラムと乳幼児学習は、特別教育の分野では主要な要素として認識されています。しかしながら、一九六七年においては、乳幼児学習は知られておらず、このような概念そのものが大いに疑わしいものと見なされていたのでした。発達促進のプログラムを始めるために明らかな遅れをもつ赤ちゃんたちをさがし出そうという私の決心は、人跡未踏の地に踏み入って勢いよく進んで行くようなものでした。

私は計画を立てながら、私の取り組みや成果についてのどんな主張も医学や教育の分野の専門家たちからは疑いの念をもって見られるであろうと予測できました。成熟は最終的にすべての発達の遅れを克服するであろうという信念は、彼らの共通の知性としてしっかりと固定しているものでした。私は恐れながらも、明らかな遅れのある乳幼児にどのような進歩が見られても、問題についての確固たる医学的診断がなければ、その進歩は成熟によるものであってどのようなプログラムの効果によるものでもないと思われることはわかっていました。そういうわけで、私はまず、同一原因による、そして、同一であることの証明が可能で、回復することが不可能な問題をもつとして疑う余地のない診断を受けたグループと取り組む必要があると悟りました。私は、こうした理由と次のような考察から、私の最初の努力の対象をダウン症の赤ちゃんたちに決めました。

ダウン症の発生率は高く、出生数千人のうち一人はダウン症と診断されます。ダウン症は出生直後から認識でき、血液検査で診断が確定されます。

従来、ダウン症の子どもたちは重度遅滞と考えられ、大半の子どもたちは生後早い時期に施設に収容されていました。ファークレストにおけるこの個体群との私の経験の結果として、私はこのような悲観的な見方の妥当性を疑い、その神話とダウン症に対する姿勢はうわさや誤った情報にもとづいたものではないかと思いました。

私の心に芽生えたそのような思いに興味をそそられ、私はひとつのプランが充分に系統立てて計画されるまで、充分に時間をかけ、時期を待つ覚悟でいました。そんなとき突然、私のそうした覚悟をよそに、私は、私がこれまで夢にも可能とは思わなかったような、私の生活を形成し、変化させ、そして、私と私の将来の仲間たちを世界中に広げることになる地平線へと方向づけ、より早くより遠くへ私を運ぶ出来事の流れに突入することになりました。

デニスと出会ったのは、私が大学へ戻って間もないある朝のことでした。青い目、ブロンドの巻き毛のこの男の子が、私の人生行路のすべてと、その後私が出会うことになるダウン症の子どもたちすべての生活を変えるカタリスト〔触媒の働きをする人〕となるのでした。

デニスは生後七ヵ月でした。彼はダウン症で生まれ、内反足でした。彼は、両脚を石膏のギプスで腰まですっぽり覆われ、母親の背中のバックパックに入って現れました。彼の兄が実験校のプリスクールに通っていて、デニスはたまたま、兄を迎えに来た母親と一緒に来ていたのでした。

デニスを見たとき、私の心のなかで、私がファークレストで経験したことやそのとき以来考え続けてきたことのすべてが、突然抗しがたい勢いで爆発したのでした。私はデニスの母親に近づき、賛否のことなど考えもせずに、私が確立しようと思っている乳幼児学習プログラムのようなものの概要を手短に説明しました。私は、私が提案しているものがまだ知られていないものであり、試されてもいないものであることを説明すると同時に、私が子どもたちや子どもの発達についてよく知っていること、そして、私のゴールは彼女の息子が発達上の目標にできるだけ正常な速度で到達できるように援助することであることを説明して、彼女を安心させようとしました。

デニスの母親は青い目をした若い女性で、真っ直ぐな短い髪は彼女の息子の髪と同じようにブロンドでした。彼女は、空色の目で私の目を捕らえ、黙ってじっと私を見つめていました。それから、背負っていたバックパックを下ろすとデニスを抱き上げました。

「さあ、どうぞ」彼女はおごそかに言って私に彼を手渡しました。

デニスとの最初の簡単な面接から、彼にはすでに多くの領域において遅れのあることがわかりました。両脚の重いギプスに妨げられて、デニスは一日の大半を乳幼児用のリクライニング・シートのなかで過ごしていました。椅子のなかでいつも寄りかかっていたデニスは、目の前に提示された物を直接見るということをしませんでした。物が差し出されたときでさえそうでした。彼は、正常な七ヵ月児のように、物に手を伸ばすことも、つかむこともしませんでした。そして、その月齢のほとんどの子どもたちが獲得している別の技能である、ひとりで座位になることもできませんでした。

私は、週に四回、一回に二十分間、プリスクールが終わって彼の母親が兄を迎えに来たときにデニスと取り組みました。デニスは魅力的な小さな男の子で、彼の積極的な行動と幸せそうな笑顔、そして、難しい課題を前進的に修得するときの熱心さは、私を大いに楽しませてくれました。彼の一歳の誕生日の一ヵ月前にギプスがはずされました。彼の脚は、これからまだ、立つことや新しく矯正された足の底で体重を支えることを学習しなければなりませんでしたが、強くて真っ直ぐでした。それに続く数週間では、デニスは這うことや、ひとりで立位になり、家具につかまって最初の一歩を出すことを学習しました。その間、デニスの進歩によって励まされた彼の小児科医の*コニー・マクドナルド博士は、私に新しく生まれた五人のダウン症の赤ちゃんたちを照会してきました。

デニスやほかの赤ちゃんたちと取り組みながら、私は、特定の結果を得るための手順のセットを開発しはじめました。たとえば、私は、簡単にできるいくつかの引き起こし運動が頭や頸、体幹のコントロールを高めることを発見しました。子どもにとって、これらの技能を獲得することは、ひとりで座ったり、立ったり、歩いたりするために必要でした。目と手の協応や、言語、認知、そして、身辺自立技能の発達に焦点を合わせたほかの活動も同様に考案されました。この時代のダウン症の子どもたちは、頭や頸、そして体幹のコントロール、座ったり歩いたりする能力を獲得するのは、一般的に彼らが二歳、三歳、あるいは四歳になるまで期待されていなかったので、私の練習方法を行ってきた乳幼児たちによって示された急速な進歩は励みと興奮を与えてくれるものでした。

私は、乳幼児たちと、開発していたプログラムに深く没頭することで忙しいながらも幸せでしたが、ベトナムで燃え広がる業火の不快な刺激臭の煙から逃れることはできませんでした。国中の何千もの若者のように、私の息子もまだ徴兵と向き合っていました。当時、マイクは大学を卒業して、クラスメートと結婚したばかりでした。そのクラスメートは、デザイナー・スーツを身にまとい、グッチの靴を履き、パールのイヤリングをして、机の後ろに座っていても、まるで膝上で切った古いジーンズの半ズボンをはいてボートでも洗っているかのように、うちとけた雰囲気の愛くるしい若い女性でした。マイクとキャロルは、マイクが身体検査のために召集されたときはハワイで休暇中でした。私たちがその避けられない事柄に対して気構えをしっかり持ったとき、マイクは昔のけがのために兵役には適さないとの知らせを受け取りました。彼のA―1資格は無期免除に変更されました。

ある雨の午後、マイクが五歳のとき、彼は通りの向こう側に住んでいた友だちのところへ遊びに行きました。少年たちがしゃべりながら地下のプレイ・ルームに行こうとしたとき、マイクはすべって足を踏み外し、階段の吹き抜けから十三フィート〔約四メートル〕下のコンクリートの床の上に転落しました。怪我の程度には気づかずに、隣の人が電話で言ってきたのは、マイクが落ちたので家に帰るということだけでした。次の瞬間、私は、マイクが奇妙にかん高い声ですすり泣きながら、よろよろと私の方へやってくるのを見ました。私が急いで彼を抱きかかえると、彼は大量の血を吐いて私の腕のなかで崩れるように倒れました。恐しさのあまり寒気がして、私は彼を家に運び込むと医師に電話をしました。レントゲンの結果、マイクが頭蓋骨を骨折して、脳震盪《のうしんとう》を起こしているということがわかりました。不安な気持ちで五日間を過ごした後、マイクは危険から脱し、回復の方向に向かっていると言われました。しかしながら、その後の検査によれば、脳障害はないものの骨折は彼の頭の左側にあったために、マイクの左耳には聴覚障害がのこることになるかもしれませんでした。

このように、過去においてはこれほど不安をもたらした子どもの頃のこの事故のおかげで、私たちが戦いで息子を失う究極の悲しみという、さらに大きな不安から救ってくれたのでした。私がこうした事の成り行きを慈悲深い運命に感謝するとき、私は、戦争による殺戮《さつりく》や、その恐ろしさを耐えなければならなかった男たちや女たちのことを忘れるわけにはいきませんでした。彼らや彼らの愛する者たちのことを考えると、私の心は痛みました。また、私は、間もなく徴兵の年齢に達する私たちの次男、アレックスのことも忘れるわけにはいきませんでした。

アレックスは当時二十一歳でした。あと数週間で大学での四年目が終了するところでした。彼は卒業を間近に控えての学生据え置きはもう望まないでしょう。ベトナムでの戦闘が激しさを増していくなか、反戦の気運も世界中で高まっていきました。ほかの学校の仲間たちと変わらず、ワシントン大学の学生たちも反戦デモを繰り広げました。カンボジア侵略を抗議して、アレックスはクラスメートと一緒にI—5シップ・キャナル・ブリッジを渡る平和行進に加わりました。しかしながら、アレックスは彼の徴兵カードは燃やしていなかったので、もし招集されれば、彼が命令に従うであろうことは私にはわかっていました。幸いにも決してそのようなことは起こらず、その恐ろしい殺戮はついに終結したのでした。

こうした状況を背に、私はデニスやダウン症の乳幼児たちへの取り組みを続けていました。子どもたちは目標を達成し、成長していきました。一九六九年の終わりまでには、私は、もしそのプログラ

売上カード

誠信書房

V・ドミトリエフ著 竹井和子訳

ダウン症の子どもたち

障害児教育

誠信書房

補充注文カード

書店(帖合)印

注文数　　冊

ISBN4-414-20209-4 C0037 ¥2200E

V・ドミトリエフ著 竹井和子訳

ダウン症の子どもたち

定価
(本体2200円＋税)

TEL(03)
946-5666～9
FAX(03)
945-8880

ISBN4-414-20209-4 C0037

定価

第8章　落とし穴と称賛

私はフローレンス・ハリスの助言に従い、新しい年には実験教育ユニットにいました。私のすぐ上の上司であり、ユニットのプリスクール部門のディレクターであったヘイドン博士はすでに、行動と言語に問題を示している四歳児たちのために二つの教室を設置していました。時代の傾向は変わりつつありました。中度遅滞と診断され、数年前には公立学校教育から拒絶されていた子どもはもう施設に収容されなくなりました。社会はこれらの子どもたちを受け入れはじめ、政府はこうした子どもたちのための教育モデルの開発を約束した大学プログラムをサポートするようになりました。しかしながら、この新しい受容にはまだダウン症の子どもたちや乳幼児学習についての考えは含まれていませんでした。こうしたことのすべてが起こるのはもう少し後になってからなのです。そのためにはまず、これらの子どもたちに教育効果があることを立証しなければなりませんでした。

オフィススペースが与えられ、給与も上がり、歓迎されて乗り込みはしたものの、教室も、ダウン症の赤ちゃんや幼児たちの公的な承認も与えられていませんでした。私は、これとは無関係な多くの職務を果たしながらもう一年漂流しました。私は主に、ワークショップを行ったり、ヘッド・スタートや公立学校の特別教育クラスのリソース教師としての役割を果たしました。再び、どうにか手に入れた自由時間で、私ができるときに、私が使えるような場所をさがし出すようなかたちで、どうにかデニスや彼の仲間たちとの取り組みを続けることができました。ダウン症の子どもたちのためのプログラムを開始するという、ヘイドン博士のあいまいな約束が実現されるであろうという望みによって支えられ、私は自分のフラストレーションを抑制しようとして、できるだけ良心的に自分に割当てられたさまざまな仕事を遂行しました。

その望みは虚《むな》しくありませんでした。私の知識がなく、ヘイドンが私に代わって助成金を申し込んでくれました。一九七一年一月までには、連邦政府と州レベルの基金が与えられることになり、ダウン症の子どもたちのための早期教育という私の夢が現実のものになりました。

アリス・ヘイドンは背が高く、大きな胸をした、私よりも十歳くらい年上の女性でした。彼女の外観はその色彩とスタイルの乏しさにおいて注目に値していました。彼女は茶色がかったベージュのしみのように私の心にぼんやりと残っています。彼女のオーバーコートはベージュで、サイズの合っていないポリエステルのパンツスーツは水っぽいココアのようなベージュまたは希釈された茶色、それに合わせたウェッジヒールの、つま先のあいたキャンバス地の靴。ほとんど一九二〇年代のスタイルのように短くカットしてマルセル・ウェーブをつけた彼女の髪の毛でさえ、ほとんど存在しないような眉毛やまつげと同じように、色あせて赤みがかった茶色でした。彼女の目はしおれた葉のような色をして、縁なしの眼鏡を通して余念なく見つめていました。

薄い唇についたピンクのしみのようなものと白い粉のひとはたきを除いて、彼女はどんな化粧もしていませんでした。そのタルク〔滑石〕で覆われた下の彼女の顔は、粉をふりかけた円形のパン生地のように平らでぶくぶくした感じに見えました。このまったくの単調さとは対照的に、ヘイドン博士はずんぐりしたイヤリングと糸に通したビーズのストランドを好んで身に着けていました。そして、彼女の最も良い造作である手は見事に手入れされていました。指は長くほっそりとしていて、爪にはつややかな無色のマニキュアが塗られていました。右手には、楕円形の金《ゴールド》に大きく鮮やかな緑色の翡翠の玉がはめ込まれた指輪を一つだけはめていました。

ヘイドンの個人的な生活は謎に包まれていました。目に見える家族も誰もおらず、彼女は自分で所有しているデュープレックス〔上下二階の部屋で一世帯をなす重層型アパート〕の半分にひとりで住んでいました。ヘイドン博士は運転しませんでした。親しい友人で仲間の、その建物のもう半分を占有している未婚の中年の教師が、彼女を職場まで毎日車で送り迎えしていました。

私は、すぐにヘイドン博士のおっとりとした外観があてにならないということを学びました。彼女は生来、人をイライラさせる女性で、怒りやすく、鋭く見下《みくだ》した言い方ですぐに攻撃しました。こうしたことに伴い、彼女は鋭敏な知性と、名前や日付、そして数などについて驚異的な記憶力を持っていました。ささいなことでこの才能を欠いていた私は、しばしば不利な立場にありました。

書面ではヘイドンは自らを自信をもって表現していました。彼女は、曲芸師が揺れる綱の上を渡り歩くような能力をもって、無数の論文と研究助成金獲得術のこつを心得た説得力のある助成金申請書を書きました。ところが、言葉でのコミュニケーションとなると、この芸術性は失われてしまうのでした。彼女は不確かでつじつまの合わないような話し方をしました。なじみのない名称や頭字語、そして混乱させるような数字をちりばめ、浮氷の間のイライザのように、彼女の考えは漂うように次々と変化し飛躍しました。ある同僚は大胆にも、ヘイドン博士は潜在的な吃音に違いないと言っていました。ことによるとそうなのかもしれません。その理由がどうであれ、彼女の発表を聞くのはたいていは苦痛でした。それでも、彼女の難解な講演を理解してみたいと望むような最も衒学的《げんがくてき》な聴衆たちからだけは、彼女は高く評価され、知識においても非常に高度で優秀であるという評判を得ていました。後年には、彼女のセミナーを受けている学生たちが明快な説明を求めて頻繁に私のところにやってきました。

ヘイドンのために働くことは、クモの巣や隠れた危険がたくさん潜んでいる暗い地下貯蔵室を歩くようなものであると私は気づきました。彼女の要求は率直であったことも明快であったことも決してなく、まぬけ落し〔半開きの戸の上に物を載せ、最初に入る人の頭上に落とす悪戯〕から物が落ちてくるように、名称や頭字語を突然聞かされると、私は正しい方向へ自分を導いてくれる小さな手がかりを求めて、手探りで鉱道を通り抜けるように、またはクモの巣を通り抜けるように、彼女の言葉を模索しました。質問は彼女を苛立たせ、もしも私が即座に、J・Pやマーティ、または、ヘレンやカールが誰なのか、そして、それらの関連のHEW、JRP、WESTAR、または、ほかの行政機関がどこなのかというようなことを明確に理解しなければ、彼女は冷酷に軽蔑するのでした。

私がユニットに来て二年目の、ある水曜日の午後のことでした。ヘイドンが彼女のオフィスに私を呼び出しました。

「G・BがNDN用に金曜日の朝までにレポートを必要としています」と彼女が私に告げました。レポート？　G・B？　NDN？　私はまたしても地下貯蔵室にいました。

「は、はい、G・Bですね、もちろん」と、時間稼《かせ》ぎをして、私はその包帯で巻かれたような単語のまわりをぐるぐるまわってなかへ進もうとしました。「レポートですね、はい、どんな話題でと、彼は言っているのでしょうか」

「彼！」彼女の黄色い目がその縁なし眼鏡の奥で私を嘲笑《あざわら》いました。「いつから、ガートルード・ベアトリス・バンディーメルは男になったのですか！」

あいたっ！　私はまたしてもつま先をぶつけてしまいました。

金曜日の朝、私は仕上げたレポートをヘイドンのオフィスに持って行きました。私に何を期待しているのかよくわかりませんでしたが、私たちの新しいダウン症の子どもたちのためのプログラムの最新版が満足させるかもしれないと想定して、私は数値を集め、個人とグループの進歩についての現在のデータを再検討し、グラフをそろえ、将来の目標を概説し、そして、すべてを二段落の概要としてまとめてみました。その結果は、タイプ打ちした十ページの原稿で、私はそれを金曜日の仕事に戻るまでには仕上げていました。

眼鏡は机の上にあって、ヘイドンは背中を丸めて椅子に座り、拡大鏡を通してジャーナルの記事をじっと見ていました。

私はためらいがちに近づきました。「レポートができました、ヘイドン博士」

彼女は顔もあげずにぶっきらぼうにうなずきました。この外観の冷たさが私をぞっとさせました。私はまた間違っていたのかしら。私は、そのレポートには特別に時間をかけて取り組んだので、もっとましな承認があっても良いのではないかと思いました。私はその瞬間を和らげようと試みました。

「報告する良いデータがありました。ガートルード・バンディーメルが満足してくれるといいのですが」

「G・Bはこの件とは何の関係もありません」目はページにはりついたまま、ヘイドンはじれったそうにブツブツ言いました。「彼女はそれをクリスに回送しているのです！」

クリス？　クリスって、誰？　男なの？　女なの？

「はい、そうでした」私はそうつぶやくと大急ぎでその場を離れました。

かわいそうな女《ひと》、とても近視眼的で、彼女は盲目も同然、私は心のなかでそう思いました。私は彼女を許すことにしました。

しかしながら、時には、彼女の無礼さを見過ごし難いこともありました。あるとき、イリノイ大学で開催された大きな会議で、ヘイドンと私はどちらも講演者になっていました。私が演壇に上がると、ヘイドンが前列の席に座っているのが見えました。私は約三百人の学生と高位の教育者たちと、そして、彼女にも微笑みました。ダウン症の子どもたちのための私たちの革新的なプログラムについて講演するように頼まれて、私は設定の説明から始めました。教室の説明の後、私は子どもたちが粗大運動活動に従事する屋外の場所について言及しました。

「ジュース・タイム〔おやつ〕の前に、子どもたちは遊び場に連れて行かれます」と私は言いました。

「すみませんが、遊び場ではなく、屋外の教室では」と、ヘイドンは前列の席から大きな声で軽蔑したように私の言葉を訂正しました。

「屋外の教室」と、私はオウム返しに言って彼女と調子を合わせ、どうにか自分の心の平静を保ちました。私は、彼女が同じやり方で同僚をやじり倒したということを聞いてはいましたが、それでも怒りは私の頭に血がのぼらせました。後年、私は彼女の無礼さを無視することを学びましたが、辛い思いをしたことには変わりはありませんでした。

とはいえ、彼女の怒りっぽさや曖昧さ、扱いにくさにもかかわらず、私はアリス・ヘイドンが好きになりました。彼女は複雑で、予測しにくい女《ひと》で、私は決して彼女を完全に理解できませんでしたが、私が彼女に自分の未熟なダウン症プログラムを提案したときに彼女がしたような、積極的に新しいアイデアを受け入れ、機会をつかむことができる能力を、私はすばらしいと思いました。私は彼女の支援を評価し、彼女が私に代わって助成金を獲得してくれたことを充分感謝しました。私が、すべてのなかで最も彼女を称賛し、尊敬するのは、そのプログラムを運営することに関して、そして、生徒たちがプリスクールから幼稚園、そして公立学校へと進むのと同様に、徐々に難しいゴールを設定することに関して、私に白紙委任状〔署名だけして自由記入を許す。全権〕を与えてくれたことでした。

「ダウン症の子どもたちは読むことを学ぶことができると思います」私は、上級プリスクールにいるデニスやそのほか数人の四歳児たちが読むために必要な前提技能を獲得した後で、ヘイドンに言いました。「読みのプログラムを開始したいのですが」

「素晴らしい！」ヘイドン博士は感嘆しました。「どんどん進めなさい」

私が望んだように、確かに、子どもたちは読み方、書き方、数え方、そして、話し方を学習しました。デニスもこれらの科目を学習しましたが、彼は不鮮明なしわがれ声や唸り声で話しました。悲しいことに、にこにこしていておだやかな麻色の髪をした、私たちのデニスは徐々に難聴が進んでいたということがわかりました。

私はその後十二年間、実験教育ユニットに残ることが運命づけられました。忙しく、生産的な年月でした。一九七四年までには、十一人の生徒のひとつの教室から始まったプログラムは五十人以上の生徒と五つの教室にまで拡大しました。私は、五名の主任教師たちと等しい人数の実習生たちによる補助教師のコーディネーターの役目を引き受けて、教室を退きました。プログラムが成長するにつれて、私たちの注目度や評判も高くなっていきました。安らぎや助言、質問に対する答えを求める親たちからの手紙と同様に、情報や、会議、ワークショップに個人的な出演を求める電話や手紙も毎日受け取るようになりました。すでに進行中の管理業務に加えて、私はすべての手紙に答え、出版記事やレポートを書き、講演用のスライド・ショーやビデオテープを作成し、地方や全国の会議で講演し、シアトル以外の親のグループが彼ら自身の発達遅滞の幼い子どもたちのためのプログラムを確立するために支援しました。もし精選された優秀なスタッフと、私たちの努力のゴールに向けて彼らの心からの貢献がなかったなら、私はこうした仕事の重荷によって圧倒されていたかもしれません。私の素晴らしい主任教師たち、*パトリシア・オールワインと*パッツイ・ラブ、二人はプログラムのバックボーンとなり、私の親友ともなりました。パッツイは、私が一九八二年に退職して間もなく退職しましたが、パトリシア・オールワインはワシントン大学で、私が二十六年前に始めた仕事を今も続けています。

プログラムの開始以来毎夏、スタッフと私はダウン症と特別教育についての三週間のワークショップを行ってきました。参加者たちは大学の単位が取得でき、ワークショップは大変人気が出てきました。親や教師、そして、学生たちが、合衆国のほとんど全州から、そして、世界中から私たちのクラスに集まりました。アメリカ人たちに混ざって、日本、メキシコ、スペイン、グァテマラ、カナダ、インドネシア、香港、そして、オーストラリアからの男性や女性たちが講堂を満たしました。米国のいろいろな州からと同様に、外国からも、多くの親たちが、個々の問題を扱うための直接体験によって得られる情報を探して、自分たちの障害をもった赤ちゃんや子どもたちを連れてきました。これらの人びとを援助することは喜ばしく、そして、これほど多くの異なった文化と国民が互いに共通の関心によって団結するのを見出すことは興味深いことでした。

ワークショップの終わりには、外国やほかの州からの訪問者たちを我が家のビュッフェ式ディナーに招待するのがひとつの習慣になりました。あるとき、冷やしたポーチド・サーモン〔煮た鮭〕やポテト・サラダ、そして、ブルーベリーのコブラー〔深皿で焼いたパイ〕の食事の後で、パティオに座ってワインをすすりながら、私はそこにいた人たちに、その晩そこで何カ国語が話されていたかと尋ねました。

「私は韓国語を話します」と、まず、優美なアジアの女性が言いました。

「フランス語」モントリオールの修道女が応えました。

「イタリア語」ナポリから来ていた若い医師が微笑みました。

「日本語」小柄なノリコがクスクス笑いました。

「ロシア語」私が割って入りました。

「スペイン語」マドリッド、バルセロナ、メキシコ、そして、グァテマラから来ていた親や教師たちの混ざったグループが声をそろえて言いました。

「マレー語」ジャカルタから来ていた茶色い肌の神経科医リリーが申し出ました。

そして、一呼吸あって、それから、ジョージアから来ていた、黒髪に青い目の粋な教師が言いました。

「そして、私はサザーン〔南部なまり〕を話します」と、彼女は柔らかくゆっくりと言いました。

一九七四年には、私たちのダウン症の子どもたちのためのプログラムを含む、一九六八年に制定された「障害児早期支援立法」(The Handicapped Children's Early Assistance Act) のもとで連邦政府からの助成金を受けているすべてのプログラムは、アメリカ合衆国保健教育福祉省、障害児教育局の合同検討普及委員会によって評価されました。データと子どもたちのひときわ優れた進歩にもとづき、私たちのダウン症の子どもたちのプログラムは、この委員会によって国内の学校およびセンターで複製および採用されるに値する模範的なプログラムとして批准された七つの革新的なプログラムの最初のひとつでした。これは、大きな名誉であり、プログラムのために引き続き資金を供給されることが保証されました。

一九七五年の早い時期に、私はオーストラリア、シドニーの北約二十マイル〔約三十二キロメートル〕の地域ノース・ライドに行きました。私の訪問の目的は、教師たちを訓練し、マクワリー大学におけるダウン症プログラムの複製を確立することでした。三週間のマクワリー滞在中、私は、魅力的なオーストラリア女性で、特別教育の修士号を持つ経験豊富な教師であり六人の子どもの母親であるモアラ・ピータシー*に補助されました。私たちがプログラムの土台を据えたとき、モアラと私は良い友だちになりました。私たちの仕事は迅速で滑らかに進みました。子どもたちは登録され、評価されました。備品や教材が購入され、からっぽの教室のなかに配置されました。特別教育を専攻している大学生数人が、教師としての訓練を受けるために選ばれ任命されました。私が去る前に、実験教育ユニットの最も熟練した教師として、パトリシア・オールワインが私と交代するためにやってきました。パトリシアは彼女の夫と二人の子どもを同伴してやってきました。彼女の仕事はこの先二ヵ月間、新しいプログラムを監督することでした。オールワインがシアトルに戻る頃になると、私たちが始めた仕事を続けるために、ワシントン大学ダウン症プログラムからまた別の教師がオーストラリアにやってきました。*クリスティン・ニコルスと、彼女の夫ピーターは、翌年の六月までオーストラリアに残り、教室で訓練を受けた学生たちは学位を受け取り、プログラムを遂行するための準備が充分整いました。

クリスティンの出発と同時に、モアラ・ピータシーがプログラムのコーディネーターおよび監督になりました。この試みは成功しました。モアラの献身的な指導のもとにマクワリー・プログラムは盛んになり、今度はマクワリー・プログラムがオーストラリア国内や多くのヨーロッパの都市ばかりでなく、香港を含む東南アジアの数カ国においても複製されるようになりました。

私の旅は続きました。スペイン、日本、カナダ、メキシコへは何年にもわたって数回旅行しました。私はどこへでも行き、ワークショップを行い、私たちのモデルの複製を確立するために援助しました。スコットランドやイギリス、香港、ジャカルタでの会議に出席し、発表したこともありました。私の仕事へのこうした関心が、私の著書 *Time to Begin*〔『ダウン症児の早期教育』同朋舎、一九八三年〕のドイツ語と日本語への翻訳となり、これらの国々で出版されたという事実は非常に喜ばしいことでした。数年後には、パトリシア・オールワインと私が共同編集した、*Advances in Down Syndrome*〔『ダウン症候群と療育の発展』協同医書出版、一九九二年〕もまた日本で翻訳され出版されました。

私たちが百人以上のダウン症の子どもたちに関わってきた十年間の終わりまでに、この子どもたちの半数はＥＥＵの教室にまだ通っていましたが、残りの生徒たちはプログラムを卒業し、その後公教育制度による教室に通っていました。その間、私たちのモデルの複製はアラスカからフロリダまで、全国規模に発生していました。これらの複製現場への技術支援の提供を委託され、私たち、パトリシア・オールワインと私自身は、枝別れした各地のモデルのために働くことがますます増え、そして毎週のように、私たちのどちらかがルバックやアンカレッジ、またはマイアミへの飛行機に乗るために、空港へと急ぐようになっていました。

実に忙しく、おもしろく、喜ばしい年月でした。私たちの生徒たちは前進し、私たちの期待のすべてを凌《しの》ぎ、まだ開発されていない可能性を明らかにしています。ヘイドン博士やヘァリング博士は、プログラムについてますます熱心になりました。彼らは、ＶＩＰたちのように国内を駆け回り、彼らのすぐれたダウン症の子どもたちのためのプログラムを賛美しました。私は、彼らが、私たちの努力の成功に対して、私や私のスタッフに個人的なねぎらいや功績を認めてくれることを願いましたが、そのようなことは決してありませんでした。それにもかかわらず、私がほかから受けた称賛は、私がアリス・ヘイドンとの毎日の関わりのなかで遭遇した落とし穴を埋め合わせるのを助けてくれました。

第9章　家庭訪問

ポリー・ストークスは丈夫で、ちょっぴり太り気味の四歳児で、その秋の学期の中間からダウン症児たちのためのプログラムに入ってきた新しい子どもでした。生きいきとした丸い顔はオランダ風に短くカットされたふさふさの茶色い髪に縁取られ、そして、茶目っ気のある茶色い目がその顔にアクセントをつけていました。ポリーは明るく活発な子どもで、明らかに学校を楽しんでおり、私たちの期待に沿うことができるように思われました。ポリーの進歩を喜んでいた私たちは、ストークス夫人が彼女の家庭での行動について不満を言い出したときはびっくりしました。

「彼女はまったくどうにもなりません……どうにもコントロールできないのです」ヘレン・ストークスは恥ずかしそうに顔を赤らめながら告白しました。

私たちはストークス夫人にさらに質問してから、助けになりそうな提案をたくさんしましたが、まったく役に立ちそうもありませんでした。不満は続き、ストークス夫人はますます取り乱してきたようでした。

「あなたがたにはポリーが家でどんな状態なのかわからないのです。彼女はなんだってしでかします。私はただ彼女を四六時中見張っているわけにはいかないのです！」と、彼女はうんざりして力説しました。

最終的に、私は、家庭の状況を見てからその問題についての解決策を提示することができるかもしれないと説明し、家庭訪問を提案しました。土曜日の朝の朝食後に訪ねて、昼食の時間まで滞在することになりました。

私は、午前九時半頃に到着しました。ストークス一家は老朽化した住宅地域に住んでいました。私は壊れた門をくぐり、雑草の生い茂るひび割れたコンクリートの歩道を通って、風雨に晒されて倒れそうな二階家への、傾《かし》いだ階段を上りました。ポリーがドアを開けました。彼女はナイトガウンを着て、裸足でした。彼女は半分食べかけのトーストを持ち、顔はパン屑やジェリーがついてべとべとしていました。前の方の部屋はむき出しで古ぼけていて、すり減った灰色の敷物、使い古されてボコボコになったカウチ、そして、テレビと引き出し付きのチェストが二つ置いてありました。ひとつのチェストは縄で縛ってあり、もうひとつは壁の方に向けて置いてありました。床の上には、組み立ておもちゃの部品がいくつかとぼろぼろの絵本が二、三冊散らばっていました。

背が高く骨太の女性で、地味だけれどそれなりに魅力的な顔をしたヘレン・ストークスが私を出迎えました。彼女は色褪せたフランネルのローブを着て、白髪まじりの長い髪を後ろで無造作に束ねていました。彼女は弁解がましく肩をすくめて、前の方の部屋はわざとむき出しにしてあるのだと説明しました。この部屋は、その家の残りの部屋からポリーを遠ざけておくための場所でした。

「ポリーはカウチの上でジャンプしながら、テレビを見るのが好きなのです」と言って、チェストのまわりの縄は彼女の夫の考えだと付け加えました。彼はポリーに引き出しのなかを散らかされたくありませんでした。壁に面していたもうひとつのチェストについても同様の理由でした。

アルバート・ストークスは不在でした。彼は一年以上失業していて、数ヵ月間生活保護で暮らしていましたが、病院の雑役夫としての仕事がようやく見つかりました。彼は早朝勤務で働いていて昼には戻ってくるということでした。

私たちは捨てられていたがらくた家具で設備されたダイニングルームに入って行きました。テーブルの上には汚れた食器と、ポリーの食べかけのシリアルと牛乳の朝食がありました。ストークス夫人はテーブルの一カ所をきれいにすると、お茶を二杯注ぎました。私たちは話をするために座りました。鍵をかけた前の部屋に続くドアの後ろでは、ポリーがカウチの上で跳びはねている音が聞こえていました。テレビが目一杯大きな音をたてていました。そのとき、ちょっとした騒動がありました。ポリーの二人いる十代の姉のうち、年下の方のアンがパジャマを着たまま、上の部屋から階段をカタカタと音をたてて下りてきました。彼女は前の部屋に荒々しく入るとテレビをプツッと切りました。ポリーは金切り声を上げて抗議しました。ストークス夫人が割って入りました。彼女がアンをおだて、そして、ポリーをなだめようとしている声が聞こえてきました。

静けさが戻りました。テレビが再びつけられましたが、今度はもっと小さなボリュームでした。アンは台所に入って行きました。ヘレン・ストークスと私は私たちの会話を再開しました。彼女は私に、二人の娘とポリーをうまく扱っていくことがどれほど難しいことか話しはじめました。ストークス夫人は本当に困っていました。突然、台所ですさまじい音がすると、続けて、アンの鋭くかん高い悲鳴が聞こえました。ストークス夫人と私は急いで台所に駆けつけました。ポリーが前の方の部屋から「脱走」して、蓋なしの砂糖の缶をひっくり返していたのでした。私はその散らかったものを見て、ストークス夫人が片づけるのを手伝いはじめましたが、台所の乱雑のひどさには仰天させられました。食器棚の扉という扉はすべて開けられ、カウンターの上にはごちゃごちゃと、明らかに棚から取り出されて元に戻されたことは一度もないと思われるような皿とか食料品がいっぱい散乱していました。壷や瓶の蓋はとれ、床にはさっきこぼれた砂糖のほかにも、あちらこちらにシリアルやそのほかの食べ物のこぼれた跡がありました。砂糖の缶はおそらく蓋がとれた状態で置かれていて、ポリーの好奇心いっぱいの指が簡単に届くところにあったのでしょう。誰が見ても台所のなかの散乱がポリーによって引き起こされたものでないことはわかりましたが、ほとんどの物が手の届く範囲にあり、私にはどうしてポリーがいつも問題を起こすことになるのかわかりました。

その頃になって、長女のメアリーが現れました。彼女はシャツとジーンズを着ていて、出勤するしたくをしていました。彼女はドライブ・インでウェイトレスとして働いていました。彼女は十七歳くらいの魅力的な少女でしたが、瞬間彼女の顔は険しくなりました。彼女はポリーのところに飛んでいくと、彼女を揺さぶって怒りはじめました。どうも、ポリーがメアリーのバス・ソルト〔浴湯をやわらげ香りを添える結晶化合物〕をトイレに投げ捨ててしまったようなのでした。床に座って穏やかにチァリオゥ〔シリアルのひとつ〕を口に詰め込んでは砂糖のついた指をなめていたポリーは、すすり泣きはじめました。

「まあ、メアリー、彼女を離しなさい！　まだほんの赤ちゃんじゃないの！」そう大きな声で言うと、母親はポリーのところへ行き、彼女を部屋から連れ出しました。ダイニング・ルームの椅子に座り、母親はポリーを抱いて揺すりました。母親も泣き出しそうに見えました。

「さあ、お母さんが片づけるのを手伝ってあげましょう」私はまだ台所にいた二人の少女たちに声をかけました。

「ここは豚小屋よ！」メアリーが鋭く言いました。彼女は床に落ちていたジャケットをひっつかむと荒々しく後ろのドアから出て行ってしまいました。

アンはダイニングルームに行き、ポリーの方に両手を差し出しました。

「私はこの子と遊ぶわ」彼女は優しく言いました。

ポリーは母親の膝からすべりおりるとアンの手をとりました。ストークス夫人の顔にプライドのようなものが見えました。

「アンはポリーにとても良くしてあげられるのですが、それでもイライラすることがあるのです。みんなそうです」

少しして、アンが髪を洗わなければと言って前の部屋から出てきました。彼女は、ポリーを残して部屋を出るとドアをロックしました。ポリーはぐずりはじめました。腕時計をちらっと見ると、十一時近くになっていました。

「ポリーをバスルームに連れて行ったほうがよさそうだわ」ストークス夫人が思い出したように言いました。彼女がしぶしぶ立ち上がると、私は彼女がしなければならないことを邪魔しないように気を配り、彼女をうながしました。

「ポリーを二階までちょっと連れて行きます」と、彼女は応えました。

ストークス夫人はズボンとセーターを着替えて戻ってきました。ポリーはまだナイトガウンのままでしたが、彼女は腕いっぱいに洋服を抱えていました。

「ポリーの着替えを手伝いましょう」私はそう申し出て、その子どもに手を伸ばしました。

ストークス夫人は私に礼を言うと、散漫なやり方でテーブルを片づけはじめました。彼女は疲れているようでした。私が掃いた床を除いて、台所は相変わらず乱雑な状態でした。ストークス夫人が動くたびに、そこにあるいろいろな物がガチャガチャと音をたてました。

ポリーは、私が着替えさせようとすると、身をくねらせて大騒ぎしました。私は彼女が騒いでいるのを無視して、身体部位を指さし名称を言いながら、遊びはじめました。私は彼女の足の指をとって、「This little piggy went to market」（この子豚さんは市場へ行きました）の歌遊びをしました。ポリーは静かになり、クスクス笑っていくつかの単語をくり返しました。ナイトガウンを脱がせたとき、私はポリーのお尻がオムツかぶれで赤くなっているのを見ました。日中のトイレット・トレーニングにも関わらず、夜間はオムツをしているということが明らかでした。私はこのことについては、彼女の母親に尋ねるために、また、私たちのスクール・ナースに話すために心に留めておくことにしました。

ポリーの着替えの後で、私は彼女を一人残して台所のストークス夫人の所へ行きましたが、それは間違いでした。私が背中を向けた途端、ポリーは二階に駆け上がったのです。ストークス夫人は持っていた物を落とすと、ポリーを追いかけました。こぜりあいの音と、ポリーが癇癪を起こして金切り声を上げているのが聞こえてきました。ようやく、顔を赤くし、髪を振り乱したヘレン・ストークスが、半分引きずるように、半分抱きかかえるようにして、ポリーを連れて階段を下りてきました。ポリーは叫び声を上げながらもがいていました。ストークス夫人は前の方の部屋にポリーを押し込んでドアのスライド錠を掛けました。ポリーは泣きわめいてドアを叩き続けました。

「わかったでしょ、ちょっとの間も彼女を一人にはしておけないっていうことが！　私たちは鷹のようにあの子を見張っていなけりゃなりません。背を向けた途端にあの子は何かしでかすんです！」

と、母親は弁解しました。

「どうして彼女は二階へ突進して行ったのですか」

「ああ、あの子は姉たちの部屋に入りたいのです。アンは小さい頃からバービー人形を集めていて、ポリーはその人形を手に入れたがっているのです。それと、あの子はメアリーの化粧品で遊ぶのも好きなのです」

ポリーはまた静かになっていました。テレビがつけられ、ポリーはカウチの上で跳びはねていました。

後ろのドアがバタンと音をたてました。ストークス夫人は慌てて髪に手をやりました。「あれは夫です。夫がそろそろお昼をほしがる時刻だわ」

彼女が台所に行くと、小さくブツブツ言う声が聞こえてきました。アルバート・ストークスがダイニングルームに入ってきて、私に心からのあいさつをしました。私は以前に彼に会ったことがありました。彼は年輩の、もじゃもじゃ髪の、ひげを生やした男の人で、綿のメキシコ・シャツを着て、反戦の象徴のビーズのネックレスをつけていました。彼は数分間、ポリーがどんなに賢いかということを屈託なく話しました。ストークス夫人は彼にボールに入ったスープとサンドイッチを出し、ポリーは後で食べると言いました。

私は、彼が食べている間ポリーと本を見ていますと言って台所を出ました。私が前の方の部屋に入り、本を持って腰を下ろすと、ポリーが私にすり寄ってきました。私はわざと、前の方の部屋とその家の残りの部屋との間のドアを少し開けておきました。

ストークス氏はひとりで新聞を見ながら食べていました。彼の妻はいなくなっていました。アンが頭にヘアカーラーをつけて戻ってきました。彼女が父親に何か言うと、彼は呟《つぶや》いて応えました。アンは台所に入って行くと、サンドイッチと飲み物の缶を持って出てきました。その後、玄関の方から彼女が電話で誰かと話している声が聞こえてきました。

ストークス夫人が地下室から洗濯物の入ったかごを持って出てきました。ストークス氏がほしがったので、彼女はコーヒーを彼に持ってきました。十二時半近くになっていました。ストークス夫人はポリーの昼食の時間だと言いました。私はもう帰るべき時間だと言いました。ストークス氏はテーブルから立ち上がると伸びをしました。彼は朝の五時から働いていたので仮眠をしようとしていました。彼は妻にどんな物音もたててほしくないと言いました。彼は私に愛想良くさよならをすると二階に上がっていきました。帰りぎわに、私はストークス夫人に、ポリーのことで私たちが彼女を援助できる方法について話すために後で予定を組みましょうと言いました。ストークス夫人は私が彼女の家を訪ねたことについて礼を述べました。私は微笑みました。私は彼女の歯が虫歯で穴があいているのを見ました。

私はとても悲しい気持ちで帰りました。ヘレン・ストークスとポリーのことを考えると胸が痛みました。この家族はかなりのストレスに晒されていました。よその州からやってきたばかりで、移転によるさまざまな問題に対処しなければならないだけではなく、失業と紛れもない貧困の苦労に直面することになったのでした。貧困と欠乏、そして、厄介な同胞の影響が加わることによって合成された十代の二人の少女たちのフラストレーションと怒りは、誰でも容易に理解することができました。

ストークス夫人は明らかに、世帯を管理することや娘たちの間の平和を保つ責任で押し潰されそうになっていました。彼女が常に支離滅裂なハウスキーパーだったのか、または、台所の乱雑さが彼女の現在の困窮状態によるものだったのかは、私には言うことはできませんでした。それでも、このような欠点にもかかわらず、その重荷の大半を背負っていたのはストークス夫人でした。後に、私はその重荷が実際どれほど大きいものであったか知りました。ポリーの誕生の四年前、ヘレン・ストークスはある重大な決心に達しました。彼女はついに、ぐらついた相容れない結婚生活を捨てて、自分自身と二人の娘たちのためにより良い生活をさがすに足る勇気を奮い起こしました。彼女はアルバートのもとを去り、自分と少女たちのために小さなアパートを借りて、干し草や穀類を売っている雑貨店で働くことにしました。カンザスの小さな農家で生まれ育ったヘレン・ストークスは、農具や馬具、アルファアルファの入った香りの良い梱《こり》や穀物の入った清潔でたくましいにおいに囲まれて水を得た魚のようでした。長い年月のなかで初めて、ヘレン・ストークスは将来への力と希望に満ちて幸せでした。けれど、彼女の自由は短い期間で終わりました。二ヵ月もたたないうちに、彼女はもはや避けられない運命を否定することができませんでした。十年以上も間があいた後に、四十二歳という年齢で、彼女は信じがたく理解しがたいほど悲劇的に妊娠したのでした。ヘレンはアルバートのもとに戻り、困難で衰弱した妊娠期間を経てポリーを出産したのでした。それは、彼女がほしいと思っていなかった赤ちゃんでした。望んでいなかったダウン症の赤ちゃんでした。

ポリーは身体的には虐待されてはいませんでしたが、情緒的には悲しいほど恵まれない状態に置かれていました。彼女の母親は思いやりのない人ではありませんでしたが、子どものその後の発達にとって非常に重要な誕生時の母と子の絆が、ポリーと母親の間で成立しないままになっていたように思われました。この支援的な暖かさを拒絶され、ポリーは敵意ある環境のなかで苛立たしい異邦人的存在になったのでした。

表面的には陽気で、遅れのある娘についておおらかに話していたアルバート・ストークスの実体は、夫として、父として、また、定職に就くことができずに家族を扶養する者としても失敗し、家族に対して愛情を注ぐことができない人のように思われました。二人の姉のうちで温和な方のアンは、ポリーへの注意が飽きっぽく、そして、彼女も自分自身を家族から疎外している兆候を示していました。ヘレンは、一方にポリーがいて、もう一方に夫と姉たちがいるその真ん中に捕らえられている自分自身を見出しました。それは、彼らをポリーから守っているようにも見えるし、同時に、間に挟まってポリーを彼らから守っているようにも見えました。しかしながら現実には、ストークス夫人は、ポリーを鍵を掛けたドアの背後に物理的に閉め出すことと同じ効果で、つまり、ポリーがその家族の単位のなかに同化していくことができないようにすることで、彼女を情緒的にも閉め出していたのでした。

この状況を改善するために、私はポリーをプリスクールで過ごさせることによって彼女を二時間以上家の外に出すという計画から試してみることにしました。これは、ポリーがヘッド・スタートに入ることによって達成されました。ポリーは生来の好奇心や自発性をもった、実に聡明な子どもでした。建設的に物事に専念するということが彼女にとって重要でした。私が見てきた限りでは、彼女の家ではこれはほとんど得られないことでした。彼女の分裂的な行動の多くは、退屈さや活動のなさ、そして、寂しさの結果でした。次の二年間は、ポリーは、発達遅滞児たちばかりでなく健常児たちの教育も行われている公立校の一年生になるまで、ダウン症児プログラムとヘッド・スタートの両方に通いました。

私は、ポリーがヘッド・スタートに通うことで、家庭での彼女の存在による衝撃が少なくなり、それによって家族がより肯定的な光のなかで彼女を見るようになってくれることを期待したのですがそのようにはなりませんでした。学校でのポリーはとても良く、ほとんど問題も起こしませんでしたが、家庭では引き続き分裂的かつ破壊的でした。ポリーが大きくなるにつれて、姉たちはますます彼女に憤慨するようになり、ストークス夫人にとっても彼女はますます扱いにくくなっていきました。ポリーは、いたずらや暴力を通して、両親がこれまで一度も愛を通して彼女に与えることのできなかった注目を得ようとさがし続けていました。残念なことに、ストークス一家は私たちが彼らに教えようとした子育てや行動管理技能を実行する準備ができませんでした、あるいは、実行することができませんでした。

ポリーが十六歳になったとき、彼女はグループ・ホームに入りました。グループ・ホームは、ひとつあるいはさまざま理由から家族と一緒に住むことができない、発達遅滞の十代の子どもたちや成人の少人数の居住施設です。グループ・ホームのゴールは、地域のなかで家庭的な環境を提供することと、もしも個々の入居者がより大きな自立にチャレンジするための準備が整ったときには、より大きな自立へのステッピング・ストーンとして役割を果たすことです。今頃、ポリーは成人しているはずです。彼女がどこにいてどうしているのかは知りません。メアリーとアンはそれぞれの生活をしています。ヘレン・ストークスは充分な賃金をもらえる職に就いています。彼女とストークス氏は今も一緒に暮らしています。

第10章　診　断

その朝、ジョージア州メーコンから一通の手紙が配達されました。封筒を開け、筆跡を認識すると、私はため息をつきました。私がため息をついたのは悩みのためではなく、その手紙を書いた人への同情のためでした。バーバラ・トーマスと私はこの数ヵ月間手紙のやりとりをしてきました。彼女の手紙の内容はめずらしいものではなく、私がこれまでに何度も遭遇してきたようなことがらについてでした。ダウン症の未熟児として生まれた彼女の娘ローリーは健康の問題で悩まされる虚弱な子どもでした。先天的な心雑音に加えて、感冒、耳や気管支の炎症、腹痛や肺炎にもきわめて罹患しやすかったのです。生まれてからこれまでのわずかな人生で、ローリーはすでに五回も入退院をくり返していました。バーバラの手紙は、母親の絶え間ない絶望の思いを訴えるものでした。

「どうしたらいいのでしょうか」彼女は、これまでの手紙のなかで書いていました。「ローリーはまた熱を出しました。どうしてあげたらいいのでしょうか。私はあの子がこんなに具合が悪いのを見るのは耐えられません。医師たちはなぜあの子の健康状態を維持することができないのでしょうか。きっと何かできることがあるはずです！　どうして体重が増えないのでしょうか」

実際の状態を見てはいないので特定の事柄を勧めることができませんでしたが、私はできるだけ現実的で共感的に応じようとしました。「正常な赤ちゃんたちも含め、未熟児はみんな危険に晒されているものです。追いつくまでには時間が必要です。あまり疲れさせない程度に活動させ、食べ物は少しの量を頻度多く与えるようにしましょう。別の医師にも相談してごらんなさい」と助言しました。

「どうしてローリーはひとりで座っていられないのでしょう」と、別の手紙でバーバラは私に質問しました。「息子たちは十二ヵ月で歩いたのに、あの子は一歳のお誕生日を迎えてからすでに六ヵ月もたっています！」

彼らが住んでいるところではダウン症の子どもたちのための早期介入プログラムはありませんでしたが、一般的な障害児たちのための発達センターがありました。

「ローリーには機能訓練が必要かもしれません。発達センターに連れていってごらんなさい」私は、彼女の疑問にそのように書いて返信しました。

予想した通り、この日の手紙は新たな懸念についてでした。

「ローリーは、週に三日の機能訓練を受けるようになって二ヵ月たちますが、まだ座っていられません」という言葉で始まっていました。「彼女は一、二分はひとりで座っていますがすぐにひっくり返るのです。セラピストは、あの子は怠け者だと言います。どうしてあの子が怠けなければならないのでしょうか。どうしてあの子はこんなに泣くのでしょうか。あの子は実際、ほとんどいつでも泣いたりむずかったりしています。あの子の担当のホルコム先生は、あの子が甘やかされているからだと言います。でも、私には納得できないのです。甘やかされている赤ちゃんだって泣いてばかりいるわけではないと思うのです。新しく診ていただくようになった医師は、あの子のことを無視するように言います。彼は、ダウン症の子どもたちはみんな気難しいと主張しています。そうなのでしょうか。あなたは、ダウン症の赤ちゃんたちはほかの乳幼児たちとほとんど同じだと言いました。何か悪いに違いありません、でも、それは何なのでしょうか。どうして誰も教えてくれないのでしょうか」

私がこれらの新しい展開についてあれこれ考えていると、電話が鳴りました。バーバラでした。バーバラから私への長距離電話でした。

「ヴァル！」彼女は興奮した声で言いました。「すばらしいニュースがあるの。あなたはメーコンに来ることができるのです！」

「行くことができる？」

「ええ！　もしあなたがここへ来てワークショップを開いてくださるなら、発達センターがスポンサーになってくれるのです。そうしていただけますか。どうぞ、そうすると言ってください。そして、ローリーに会って、何が悪いのか教えてください！」

「行って、ローリーに会いましょう。でも、答えてさしあげられるかどうかについてはお約束できませんが」と、彼女に言いました。

「そんなことおっしゃらないでください！　あなたは私の最後の希望なのです。あなたはたくさんのダウンの子たちに取り組んでいらしたのですから、きっと私を助けることができるはずです！」

「そうですね、おそらく見過ごされてきた何かに気づくことはできるかもしれません。あなたがおっしゃるように、私も、どんな状況下でも絶えず泣いているということは正常ではないと思います」私は自分のカレンダーを見ました。「いつ伺えばよろしいですか」

バーバラが言ったことは本当でした。ダウン症の多くの乳幼児や多くの子どもたちとの何年にもわたる毎日の接触が、この障害に関するきわめて豊富な個人的知識を私に少しずつ蓄積させてくれました。こうした情報が私に、ほかの専門家たちには直接体験が不足していることから認識したり診断したりすることができないと思われるような、健康や発達上の不可解な問題を解決させてくれたときもありました。

思えば、この個人的な知識が、私にダウン症の子どもたちが精神異常としてではなく人間として、ほかの子どもたちと同じように愛情や注目を必要とし、学習や遊びを通して友だちをつくっていく必要があるのだという見方をさせてくれたのでした。個々のダウン症の人たちが、ダウン症候群というhomogeneous group《ホモジニアス・グループ》（同種の人たちのグループ）に属し、彼らに共通した一定の基本的な特徴をいくつかもっているにもかかわらず、それぞれの人がこの症候群に適合するなかで、独自の長所や短所、そして、独自の外観や人格を持っています。私は、ダウン症の子どもたちにとって「普通」と考えられるものと、個人差として許容される「普通」でないものとを区別することが重要であるということを学びました。ダウン症の確立された近似値の外にある、健康や行動におけるどんな偏りも、子どもが一本余分な染色体を持って生まれたかもしれないという明白な事実の原因をさがすサインでした。子どもが

長　所

意外に思う人もいるかもしれませんが、ダウン症の子どもたちには多くの長所があります。まず、適切な教材と指導方法が用いられると、彼らは驚くほどの鋭敏さで学ぶことができます。一般的に、微細運動や認知的な活動はすぐに修得します。より長い時間をかけて獲得するような、「靴のひもを結ぶ」や「ボタンをかける・はずす」「はさみで切る」というような特定の技能であっても同様です。彼らが、パズルや色、形、文字や単語などに取り組むときの明らかな喜びと満足感は、見ていてほほえましいものです。

ダウン症の乳幼児や年少児たちはまた、形成化（shaping）の手続きにも非常に良く反応します。「形成化」という言葉は、望ましい反応を作るために、子どもの身体の一部（腕、脚、指、手など）を導くことによって身体的な補助を与えるテクニックのことを示しています。

幼い就学前児に身体部位を教える過程で、「頭をさわって」と教師が言い、それから、もし子どもが指示内容を理解していないようであれば、指示に対する正しい反応を子どもに教えるために、教師は子どもの手をとり、その手で子どもの頭をさわらせます。このように、形成化は、幼い子どもたちが学習してひとりで正しく反応できるようになるまで、子どもたちがするべき反応を身体的な補助に

よって示す方法なのです。

教師と子ども、または、クラスメート同士のやりとり（turn-taking）は、もうひとつの効果的な指導方法です。この方法の利点は、社会性の発達のために必要な技能である相互交渉を子どもがより多く持つための助けになることです。

ダウン症の子どもたちは、すでに学習してきた内容にもとづく課題であれば、新しい課題について学習することができるという一般的な理解力に加えて、さらにもうひとつのとても重要な長所を発揮します。この長所は、年齢の早い時期に形や絵、数字、単語などを驚くべき正確さで弁別する能力です。近視や斜視（目が寄っていること）などの一般的な視力の問題があるにもかかわらず、この能力を利用することで、形や色の認識ばかりでなく、読んだり、数えたりといった発達上の課題や、機能的年齢に適したそのほかの技能を教えることが可能になります。

ダウン症の子どもは、乳幼児であっても反応の良い社会的存在です。乳幼児学習クラスに出席している生後三ヵ月のケニーは口蓋裂で生まれました。この合併症はダウン症では約〇・五パーセントの割合で起こります。この欠陥の結果として、ケニーは充分に哺乳できないために発育不良で虚弱でした。それでも、彼の身体的弱点にもかかわらず、ケニーの濃い茶色の目は愛想良く輝いていました。彼の母親が彼を見て話しかけると、彼は「話し」返しました。彼は母親を一心に見て、彼女の唇の動きを模倣して自分の唇（兎唇はすでに外科的に修復されていました）を動かし、彼の輝く目と柔らかな声でコミュニケーションを交わしました。

音声表出言語（話し言葉）においては、ダウン症の子どもたちでは発達が遅い傾向や、不明瞭な構音を克服するのが困難なケースがあるにもかかわらず、受容言語は彼らの長所のひとつとして認められています。ダウン症の子どもたちのそのほか多くの肯定的な特徴のように、この能力は過去においては考慮されていませんでした。私たちがこれらの長所の可能性を最大限に引き出そうとするとき、すべての子どもたちが大人の注意を絶対的に必要としているということを覚えていることが重要です。親や教師たちは、幼い子どもの生活における最も重要な人たちなのです。もしも適切または望ましい行動が無視されると、子どもは、注目を得るために、本能的におそらくはあまり望ましくないほかの行動をさがし出そうとします。肯定的なフィードバックに焦点を当てた教育および養育方法や、子どもが課題に沿って正しく行動したり課題を完了したときにほめる方法は、すべての子どもたちが最大限の可能性を発揮することができるように援助する最も良い方法です。

短　所

彼らの多くの長所と現在私たちがダウン症の子どもたちに抱いているより高い期待にもかかわらず、認知的、身体的、健康的な多くの問題の存在を否定することは現実的ではありません。大半は軽度または中度の精神遅滞で、重度の精神遅滞はまれです。重度精神遅滞は、通常、極端な環境妨害や、一般的にこの症候群には合併しない脳損傷の結果であったり、または、本来のダウン症とは無関係な染色体異常が合併していることによって引き起こされることもあります。聴覚や甲状腺、または、痙攣《けいれん》発作などの問題は、診断も治療もされない場合には、深刻な発達の遅れをもたらします。

筋緊張低下〔hypotonia：筋肉が正常限界以上に伸展した結果、筋肉の緊張性が減少または減退した状態〕や低身長、平坦な顔貌は、この染色体異常の主な症状です。ダウン症の十二歳の子どもでは、同年齢の平均身長より約十インチ〔二十五センチ〕低く、ダウン症の子どもたちにおける成長ホルモンの問題は、事実、今日の医学的な論点となっています。

しかしながら、ダウン症の子どもたちの肌の色や、身長、体格は、ほかのすべての子どもたちのように、それぞれの親に似ています。背が高く痩せ形の両親から生まれた子どもは、おそらく、背が低く太り気味の両親から生まれた子どもたちよりも背が高くほっそりした子どもたちになると思われます。知的発達についても、ある程度は、親の知性を受け継ぐようですが、おそらくは環境的要素と同じくらい遺伝的要素が関係している結果であろうと思われます。

健康については、相対的に良い健康状態から頻繁に起こる上気道の感染症や慢性中耳炎、先天的な心疾患、そして、ほかの組織の問題まで広い範囲に及ぶことがあります。先天的な心疾患は、ダウン症の赤ちゃんたちの三〇パーセントから六〇パーセントの割合で発見されます。これらの疾患はわずかな心臓の雑音から、より重大な心臓の奇形にまで及ぶこともあります。心疾患を合併した子どもたちの見通しは、昔にくらべ、今日でははるかに明るいものと言えます。開心方式の心臓外科手術がもはや最後の治療方法として考えられなくなっただけではなく、医師たち自身が、こうした子どもたちがもはや治療する価値がないような絶望的なケースとして見ることがなくなり、疾患が生命を脅かすようになる前に積極的に外科的に介入し、欠陥を修復するようになってきたからです。現在、多くの人たちがダウン症の子どもたちのために定期的な心電図検査を受けることを提唱しています。ダウン症の女性が心肺移植を受けたカリフォルニアでの最近のケースは、医学の専門家たちの姿勢の変化を例示しています。

もうひとつの頻度は比較的少ない先天的な奇形は小腸上部における閉塞結果として起こる十二指腸狭窄症です。この問題は、発見後直ちに外科的に治療されなければなりません。通常、この問題は出生後まもなく診断されます。しかしながら、赤ちゃんが生まれて数ヵ月たつまで明らかにならないケースもあります。体重の増加が見られなかったり、食後おう吐をくり返すというような症状があればこの問題を疑ってみるべきでしょう。

ダウン症の子どもの行動や健康に影響を及ぼすかもしれない要素の変化性と数から見ると、こうした子どもたちを扱うことに不慣れな医師が、不可解な病気をこの症候群特有の別の症状の発現として簡単に片づけてしまい、それ以上の調査をしないということも容易に理解できます。これはロビンやローリー、そして私の経験における多くの子どもたちに起こったことです。

ロビン

フランと彼女が新しく養女にした生後七ヵ月のダウン症の赤ちゃんは、ワシントン州バンクーバーにある私たちのモデル・プログラムの採用現場のひとつである障害児たちのためのプリスクール、

ＰＲＩＤＥへの私の予定された訪問日を待っていました。その小さな女の子ロビンは、波打つ黒髪と大きなラピスラズリ色の目をした美しい子どもでしたが、彼女は極端に痩せて血色が悪く、ほとんど透けるような白に近い色をしていました。彼女の目の下には黒い隈《くま》が彼女の顔色の悪さを強調していて、まるで飢饉に襲われた浮浪児のように見えました。

フランには以前会ったことがありました。私たちは互いに暖かくあいさつを交わすと、フランは私に、彼女がどれほどロビンの健康や発達について心配をしているか話し、ロビンをチェックしてくれるように頼みました。私がアセスメントを始めると、私は、ロビンは聡明で注意深いように見えるにもかかわらず、彼女の筋肉の緊張は低下し、そのために彼女は疲れやすく、そして、私はあらためて彼女の細さに唖然としました。

「ロビンを養女にしてどれくらいたちますか」私は、アセスメント・シートの項目をチェックしながら尋ねました。

「明日で四週間……」

「体重は増えましたか」

「あまり、一オンス〔約二十八グラム〕か二オンス〔約五十七グラム〕でしょうか。どうしてあの子は、食べた物をみんな吐き出してしまうのか、私にはわかりません」

私のアセスメントの終わりに、フランは哺乳びんを取り出しました。ロビンはすぐに哺乳びんをつかんでがぶがぶと中身を飲み込みましたが、何分もたたないうちに逆流し、凝結した液体を噴水のように吐き出しました。確実にどこかが悪く、それが何であるかわかりました。

「医師には診ていただきましたか」吐き戻された物を拭きながら、私は尋ねました。

「ええ、もちろん。かかりつけの小児科医はロビンに何も深刻なことはなく、いずれは吐かなくなるとおっしゃいました」と、母親は応えました。

私は首を横に振り、「別の医師の意見を聞くべきだと思います。彼女をオレゴン大学医療センターに連れて行きなさい」と勧めました。

そばに座っていた、PRIDEの主任教師であり、コーディネーターのナンシー・ワレンは立ち上がると、「私が電話で予約をとりましょう」と言いました。

「ええ、どうかそうしてください。私は心配で病気になりそうです」フランは心配そうに彼女を見ました。

ワシントン州バンクーバーは、ワシントン州とオレゴン州の間を流れる壮大なコロンビア・リバーの北側に位置しています。バンクーバーの姉妹都市であるポートランドは河の向こう側にあります。ワシントンの人たちとオレゴンの人たちは、コロンビア・リバー・ブリッジを行ったり来たりして、二つの都市の間を自由に往復しています。フランにとって、赤ちゃんを病院に連れていくのは難しいことではないでしょう。

予約はその日の午後に取れました。フランはその晩に電話をしてきました。私の疑いが正しかったことが証明されました。部分的な十二指腸狭窄と診断され、翌日の朝に手術が予定されたということでした。一刻の猶予もありませんでした。ロビンはすでに脱水と栄養不良の状態にあり、もう二、三日遅れたら致命的だったでしょう。

ロビンと彼女の家族は、バンクーバーから車で一時間ほどの小さな農業地域に住んでいました。彼女のかかりつけの医師がそれまでにダウン症の乳幼児を一人も診たことがなかったという可能性は充分あり、そのために、このような子どもについて彼の固定観念を越えた見方を敢えてすることがなかったのでしょう。私は再び、子どもの健康や良い状態についての懸念に対するいい加減な返事を、親たちが鵜呑みにしてしまわないように、親たちに注意をうながさなければならないということがわかりました。

小さなスティービー

「私は小さなスティーブのことが心配で……」と、翌春PRIDEプログラムを再訪問した私にナンシーは言いました。「彼は退行しています」

私は、一年ほど前に生後十ヵ月でプログラムに入った、笑顔が可愛いくて素直なスティービーを覚えていました。そして、彼の両親のことも覚えていました。まだ十代の若い夫婦で、スティービーを敬愛していた、優しく愛情深い人たちでした。彼の母親のハイディは、可愛らしい丸顔にわすれな草のような青い目をして、巻き毛の髪はニスを塗ったばかりの松のような色をしていました。スティービーは母親似でした。彼は同じように愛らしい顔、とても濃い青色の目、そして、ふわふわの髪をしていました。家族全員が、私が心からの愛情を持ってひきつけられるほど、はかない魅力を漂わせていました。

「えっ、信じられません。彼はとても頑張っていたではありませんか」

「ええ、そうです。私たちはみんな、彼の進歩によって勇気づけられました」と、彼女は同意しました。

プログラムに入った当時のスティービーは、実に身体的発達に相当のかなりの遅れを示していました。たとえば、腕や背中の充分な強さに欠けていたために、ひとりで座位になることが彼にとってどれほど困難なことであったか思い出します。しかしながら、いったん幼児クラスに通い、機能訓練を受けはじめると、急速に進歩したのでした。私が四ヵ月前にスティービーを見たときは、腕と脚を使ってひとりで座位になっていました。そこで、私たちはスティービーがすぐに伝い歩きをするようになると予測したのでした。

「その頃から始まったようなのです」ナンシーは続けました。「彼は支持なしに座ることができなくなってきました。実際、彼は……。そう、ご自分でごらんになってみてください」そう、結論づけると私を教室のなかへ導き入れました。

スティービーは床に敷いたマットの上に横たわっていました。私は彼の横にひざまづきました。

「こんにちは、スティービー」

彼はゆっくりと頭を動かし、私と目が合いましたが、笑顔を見せませんでした。疲れているように見えました。

「いい子ね、さあ、お座りしましょう」

私は彼の手をとって優しく引き上げました。スティービーは、筋肉を緊張させ腕を手前に引くようにしてマットから身を起こす代わりに、頭を後ろに垂らしたままでした。彼の頭は新生児の頭のように垂れ下がり、私が握った腕はグニャグニャでした。

私はそのような劇的な退行に遭遇したことはありませんでした。心疾患があるのかもしれない、と考えてみました。彼の記録には先天性の心臓疾患は何もありませんでしたが、初期の問題はすぐに発見されないこともあります。それから、私はスティービーの顔が黄ばんでいることにも気づきました。彼のシャツをまくり上げると、全身がまるでヨードチンキの薄い溶液に浸されているかのようでした。

私は、私の横にいたハイディをちらっと見ました。ハイディはジーンズをはいた両膝をしっかりつかんで床に座っていました。

「あなたには彼の肌が黄色く見えますか」と、私は尋ねました。

その若い女性はうなずきました。「私は私たちの医師にそのことを尋ねました。彼は食事のせいに違いないので、スティービーにはしばらくにんじんを食べさせないようにと言いました」

私は彼女を脅かしたくはありませんでしたが、彼の肌の色と弱々しさが私には気がかりでした。

「それよりもっと重大なことかもしれません」と、私はできるだけあたりさわりのない声の調子を保つようにしながら異論を唱えましたが、ハイディは私の顔から何かを読みとったに違いありません。彼女の唇は震えました。

「何か悪いことでも？」彼女は囁きました。

私は彼女と目が合いました。「わかりません。でも、あなたはどういうことか知るべきだと思うのです。オレゴン大学医療センターへ連れて行ってごらんなさい」私は再びそのように勧めました。

スティービーの両親は私の勧めに従い、そして、私たちは運命的な評決を受け取ることになりました。私の恐れは確定的なものとなったのでした。スティービーは白血病だったのです。残念なことに、診断はいつも治癒に結びつくわけではなく、スティービーは回復の見込みがありませんでした。それから三週間して、彼は肺炎を併発して亡くなりました。

ローリー

バーバラ・トーマスと私はワークショップのためのプランを成立させ、翌月私はメーコンに飛びました。私は金曜日の晩に到着すると、私のために予約されていた古くて上品なホテルの一室をチェック・インしました。次の朝、バーバラは私の発表のために近くの講堂まで私を車で送り届けるためにホテルに来ました。二年近く文通してきて、私たちが直接顔を合わせるのはこれが初めてでした。私は彼女を見てびっくりしました。三十八歳にしては、老けて野暮ったく見えました。三月中旬で気候も暖かく気持ち良いのに、バーバラはけばけばしく厚ぼったいウールのコートを着ていました。そのコートは高価なもののようでしたが、彼女の小さな身体にはぶかぶかで、色もまったく似合っていませんでした。彼女は、よく見ないで買ったコートを、クローゼットのなかのラックから適当に引っぱり出して、その外観や気候のことなどは気にもかけずに、そのまま今も着ているのではないかという印象を受けました。

いやらしい緑色の上の彼女の顔はやつれて血色悪く、眉間には長い間難しい顔をしてきたために刻み込まれた深いしわ、口の両脇には鼻から顎にかけて苦痛のために深く掘られた溝がくっきりと見えました。

「いらして下さって、とてもうれしいです！」バーバラは微笑みながら私の手を握りしめました。しかしながら、彼女の暖かいあいさつが、琥珀《こはく》色の星が入った大きなヘーゼル色の目のなかの悲しみを軽くさせるものではありませんでした。

バーバラはきれいなのかもしれない、と私は思いました。彼女の顔は魅力的でした。短い赤みがかった茶色の髪は、まつげや眉と調和し、目の琥珀色を際立たせていました。

車のなかは蒸し暑く、バーバラはコートを脱ぐとそれを後部座席に放りました。彼女は色褪せた木綿のブラウスと古いグレーのスカートを身につけていました。

メルセデス・ベンツのエンジンをかけ、彼女は私の思いを読み取ったかのようにため息を漏らしました。

「新しい洋服を着てくるべきだったのかもしれませんが、買い物をする気力がありません」彼女の顔に刻まれたしわはさらに深くなりました。「もう、疲れ切ってしまって……」

私は共感してうなずきました。「ローリーのことで、これまでずいぶん大変だったのでしょうね」

「恐ろしいほど大変でした。まるで、すべてのドアに鍵が掛かっているか、鍵が掛かっていなくてもその先が行き止まりだったり、そんな終わりのない廊下を、出口を求めてひた走っているような気がするのです。時おり、私はただ眠ってしまいたい、……それともなければ、消えてしまいたいと思うことがあります。……そして、何事も起こりはしなかったのだというふりをしたくなるのです。もしも、……もしも、こんなことさえ起こらなければ……」それから、彼女は、無理に明るく振る舞って努めて明るい口調で言いました。

「そんなわけで、あなたがいらしたことがとてもうれしいのです。きっと、あなたならローリーを助けてくれるに違いありません」

「そうできるといいのですが」私はとっさに、彼女の身なりのだらしなさや、顔にしっかり刻み込まれたしわ、そして、生気のない目は、明らかに、彼女がとらえられている苦痛や圧倒的な落胆によるものであることに気づき、静かにそう応えました。

慢性的に病的な状態にある障害をもった乳幼児の不断の要求に対処するもうひとりの親〔父親〕だけが、バーバラ〔母親〕の落胆や、苦しむ子どもの救援を求めて次から次へと医師をさがしまわるという、彼女を衰弱させるフラストレーションについて理解することができました。私は、正常な病気の子どもの親たちに対しては親切で支援的な医師たちが、同じように病気の障害をもった幼い子どもの父親や母親たちの絶対的なニーズに対しては驚くほど異なった対応をすることが頻繁にあるということを、しばしば感じている多くのこのような両親たちの相談を受け、援助しようとしてきました。

私たちが到着したとき、講堂は障害をもった子どもの親たちや、特別教育の教師たち、そして、そのほかの専門家たちでいっぱいでした。スライド、ビデオテープ、オーバーヘッド用の原稿、そして、配布用のプリントがすべて整い、私は話題に取りかかりました。私は、典型的な子どもの発達と、特別なニーズをもつ子どもの発達やこうした子どもたちの能力を最大限に引き出すための方法について、比較しながら話していきました。まる一日かかるワークショップでしたが、参加者たちはみな熱心で、時間はあっという間に過ぎていきました。四時半に参加者たちからの最後の質問を受けると、私はバーバラの目をとらえました。彼女の不安な表情はさらに深くなっていました。私たちは時間をオーバーしていたので、彼女は早くワークショップをうち切り、私を家に連れ帰ってローリーに会わせたいと気を揉《も》んでいたのでした。私は、バーバラの夫フランクにも会いたいと思っていましたが、彼は出張中でした。

トーマス家と子どもたち、十代の二人の息子たちとローリーは、並木通りにある立派なレンガ造りの家に住んでいました。豪勢な色の芝生、バラの茂みやそのほかの低木が家のまわりを囲んでいました。裏の桃の木のつぼみが開きはじめていました。

「どうぞ、おかけください。ローリーをつれてきます」バーバラは、まるで私が神殿に入る託宣者であるかのように、私を正式なリビングルームへと案内しました。私は、ぶ厚い宝石のような東洋の敷物の上を歩いて行き、グレーのベルベット張りの肘掛け椅子を選びました。窓にはレースのカーテンが掛けてありました。凝った飾りを施した金縁の鏡と数枚の見事な油絵が壁を飾っていました。きれいに磨き上げられたマホガニーのテーブルに置かれたクリスタルの花器には白いバラが生けられていました。それは、優雅さとお金を反映した美しい部屋でした。私は部屋を見まわしながら、みすぼらしく荒れ果てたストークス家のポリーのことを思い出していました。ダウン症やほかの障害の状態は、すべての民族、そして、貧富に関係なく社会のすべての階層の子どもたちに起こり、誰も免疫など持っていないということをあらためて思いました。

バーバラはローリーを抱いて戻ってきました。彼らは、ローリーの乳母である若い黒人女性を従えていました。その子どもはパーティーのための装いでもしているように見えました。彼女のピンクのフロックにはフリルとレースの縁飾りがついていました。束ねた一握りのブロンドの髪には小さなピンクのリボンが飾られていました。現在のバーバラに見られる自分自身の外観についての無頓着さは、ローリーについてはまったく見られませんでした。

「連れてきました！」バーバラの声には愛情とプライドがありました。

私は立ち上がって、ローリーを腕に抱きました。彼女はまるで卵の殻のように軽く壊れやすいもののように感じられました。彼女は魅力的な子どもではありませんでした。彼女の派手な服装は、痩せて小さな身体の骨張った背中やひょろひょろの手足を覆い隠すことはできませんでした。また、私の訪問のためにこれほど愛情を込めてブラッシングされ、カールされても、細く艶のない髪の毛には変わりありませんでした。その小さな顔は苦しみによって深いしわができた老女のミニチュアのようにしなびていて、とても子どものようには見えませんでした。

乳母のマーサ・メイは床に毛布を広げました。私はその上にローリーを寝かせ、彼女の横にひざまづきました。ローリーは、訴えるような呻き声を上げて、涙も出さずに哀れっぽく泣きはじめました。

「おお、また泣いています！」マーサ・メイは絶望的に自分の両手を握りしめて言いました。「彼女はどうしてこんなに泣くのでしょうか！」

「わかりません」私はむずかる赤ちゃんたちをなだめるときにしたような方法で、ローリーのおなかをさすりはじめました。すると、呻き声はやみました。

バーバラが毛布の上の私のそばに来て、「この子を座らせましょう。座れるかどうか見てください」と、うながしました。

私はローリーの両手をつかんで優しく引き上げました。私の予想に反して、彼女の筋肉は締まっていて、マッチ棒のように細い指は私の指をしっかりと握ると、器用にすばやく彼女自身で引き上げるようにして座位になりました。そのやせぎすの小さな身体には針金のような強さがあることを、私は発見しました。

「彼女の筋肉の緊張は良い具合です。彼女がどんなに上手に頭を支えているか見てごらんなさい」と、私はバーバラに言いました。ローリーは完全にバランスを保ち、彼女の背中はまっすぐに伸びて、脚は軽く屈曲させ、足首で交叉していました。私は、自分の腕からブレスレットをはずすと、ローリーの方にそれを差し出しました。彼女がバランスを失うことなく、ゆとりをもってブレスレットの方に右腕を伸ばし、それに届くと、彼女の衰弱した小さな顔に、喜びのきらめきが灯りました。二〜三秒の間、彼女はブレスレットをつかんで、両手でひっくり返してそれを調べると、それから、まるで誰かが力を込めて彼女に鋭い突きを与えたかのように、突然警告もなしに後ろにひっくり返りました。ローリーは倒れた場所に横たわった瞬間、身動きもしないで、再び不気味な泣き声を上げはじめました。私がもう一度彼女のおなかをさすると、また彼女は泣きやみました。

バーバラは私の腕をつかみ、彼女の目は私の目を心配そうにのぞき込んでいました。

「何が起こったかごらんになったでしょう！　あの子がどんな風に倒れるか。私たちがどんなにあの子を座らせようとしても、いつもこうなんです」

「もう一度ためしてみましょう」私はバーバラに言いました。

ローリーは、身体を起こしてもらって前のように座ると、快適で楽しそうに見えました。それから、一、二分後には、彼女は再びコントロールを失って床にひっくり返りました。しかしながら、このときは私はローリーをしっかりと見ていました。彼女が倒れる寸前の、このことは半ば予期していたことでしたが、瞬間的な表情の空白、突然の凝視、目の動きの停止が見られたことに私は注目しました。

「何なのですか。何かわかったのですか。何が悪いのですか」バーバラは、私が注意深く観察していることに突然気づいたように、矢継早《やつぎばや》に尋ねました。

「まだ、わかりませんが、たぶん……たぶん、そうだと思うのです」

三度目にローリーがひっくり返ったときには、私は、私たちが目撃したものが無動性〔動きのないてんかん症状。普通、意識の消失が起こる〕の痙攣発作であったと確信しました。てんかん発作は、誰でも認識できるほどの重篤な大発作から、無動性の小さな発作やそのほかの形態の発作までさまざまに異なっているため、とてもわかりにくいものです。誤動作ライトの点滅のようにほんのわずかな瞬間的な発作は、正確に指摘するのが難しい場合があります。たとえば、小発作は、突然の瞬間的な空白の凝視や、時には目元が小さくひきつるような動きの急激な瞬きを伴って現れることがあります。無動性の痙攣発作は、ローリーの場合のように、突然の一時的な筋肉虚脱によって明らかにされます。しかしながら、これらの瞬間的な意識消失の反復的なエピソードが、一日に五回ないしは二百回というようにほぼ持続的にくり返されているとすれば、それらは、正常な学習や発達を深刻に阻害するのに充分な破壊的要因となります。そのため、どのような痙攣発作が疑われる場合でも、適切な診断と投薬によるコントロールがなされるべきなのです。

私はバーバラの方を向いて、「ローリーは神経科医に診ていただいたことはありますか」と尋ねました。

「いいえ、なぜですか」彼女は、不安のために急に鋭い声になりました。

「もちろん、はっきりはわかりませんが、ローリーが座ることも立つこともできない理由は無動性の痙攣発作にあるのではないかと思うのです」

母親は青白くなり、声は沈んで囁くように言いました。

「てんかん？」

「おお、主よ！」マーサ・メイは両手を合わせると、その手を口元に持っていき、目は恐怖で大きく見開かれていました。

「それほど悪いことではありません」と、私は言いかけましたが、バーバラは聞いていませんでした。彼女は急に立ち上がると、振り向きざま、私に対してヒステリカルな怒りを爆発させました。

「よくも！ よくも、あなたはそんなことが言えたものね！ あなたに何がわかるって言うのよ？ 小児科医でもないくせに！ ローリーは今までいろいろな医者に診てもらって、誰からも、どの医者からもてんかんなんて言われたことはないのに！」涙が両頬の溝を流れ落ち、彼女は私に背を向け、私から遠のきました。

私はうろたえて自分を責めました。私はもっと慎重であるべきでした。私は、障害をもっている子どもの親たちの壊れやすさ脆さを知っているはずでした。そして、古い神話や迷信というものが打ち勝ちにくいものだということも知っているはずでした。てんかんはまだ「危険な」単語なのでした。

もともとはギリシャ語で痙攣を意味するepilepsy《エピレプシー》〔てんかん〕は、人類に長い間知られています。ヒポクラテスは彼の著作のなかでその疾患について記述しており、『新約聖書』のなかでもそれについて言及しています。しかしながら、長い間ずっと、その突然のひきつけや痙攣、そして、「倒れる病気」に陥れる意識の消失について理解することが困難であったために、てんかんは、民話や迷信を通して誤った伝え方をされ誤解されて、怪しく不可解な病気のままで残されたのでした。今では、てんかん発作は、脳内の過度な神経エネルギーの異常で反回性の放出によって引き起こされるということが知られています。また、痙攣、ひきつけ、意識消失、精神的な障害といった、その疾患の外見的な症状は、脳内または中枢神経系の基本的な機能障害を示すものであるということが認められています。

痙攣活動に陥らせる原因を容易に判断することができる例もありますが、より不鮮明で、確認しにくい例もあります。症状を特定できないことがこの病気の主要な特徴なのです。しかしながら、一般的には、遺伝的な原因だけでなく、事故や先天的な欠陥または出生時の損傷による脳障害や、髄膜炎や脳炎などの感染症後に脳内に起きた病理学的変化、そして、脳の膿瘍や腫瘍なども、てんかんの主な原因とされています。ローリーのケースにおいては、彼女の痙攣は神経系の欠陥か出生時の損傷によ

る結果ではないかと思われます。

こうした知識にもかかわらず、そして、魔法や悪霊を信じる人びとは少ないという事実にもかかわらず、てんかんの現実だけが今も強烈な恐怖心を引き起こし、この疾患に苦しむ人たちはいまだに差別され、避けられ、拒絶されているのです。

私は何年も昔に市内バスに乗っていたときの出来事を思い出しました。当時、私は十八歳で大学の三年生でした。バスがシアトルの中心街を走っていると、私の席から通路を隔てた席に座っていたひ

とりの女性が大発作を起こしました。見る間に、バスのなかは大混乱に陥りました。誰かが叫び声を上げました。

交通を無視して、運転手はバスを急停車させ、ドアを開け放すと、一目散に飛び出しました。大虐殺から逃れようと、数人の乗客が彼の後から飛び出していきました。その間、かわいそうな女性は痙攣し、のたうちまわり、頭を座席の後ろの金属棒に打ちつけていました。私はバスのなかを見まわしました。残った乗客たちは、目を大きく見開き、ぽかんと口を開けて、座ったまま凍ったように動きませんでした。誰も彼女を助けに来ないのでしょうか。その女性がこれ以上打ち続ければ、けがをするかもしれないと考えて、私は自分の席から立ち上がると、打撃をやわらげるために、両手をカップのようにまるめ、ひきつっている彼女の頭の下にあてました。彼女の髪の毛は柔らかく、私の掌の上で弾んでいました。近づいてくる救急車のサイレンの音が次第に大きくなるのを聞きながら、私はその場に立っていました。数分後に運転手は警察官と救急隊員を従えて戻ってきました。そのときには深い眠りに落ちていたその女性は、担架にのせられ運ばれて行きました。

私は思わずそうしただけで、称賛も承認も求めていたわけではありませんでしたが、席に戻ったときに私に話しかけてくる人や、起こったことについて何か言う人がひとりもいなかったことには驚きました。それよりも、まるで私が汚染されてしまったか、彼らが思う「怪物」になってしまったかのように、彼らが私を避けて、離れているように感じられました。

これが、大発作を起こした人との初めての出会いでしたが、私は恐れることも拒絶することもしませんでした。あるとき、私が子どもの頃に、私の祖母が、くり返し起こる痙攣と病気のために死ぬ運命にあった小犬の手当をしているのを見ました。その頃は、犬科の動物にとって恐ろしい病気であるジステンパーに対してはワクチンがありませんでした。

倒れた毛布の上にそのままでいたローリーは再び訴えるように泣きはじめ、老女のような小さな顔は苦痛にゆがんでいるように見えました。私はローリーを抱き上げて膝にのせました。マーサ・メイは子どもの方に身を傾けました。

「彼女をだ……抱き上げても大丈夫なのですか」

私はいぶかしげに彼女を見ました。

「抱き上げて、また、発作を……発作を起こしたりはしませんか」

「もし、また発作を起こしたとしてもあなたは気づかないと思います。……大丈夫、彼女を傷つけることはないでしょう。発作を起こしたからといってローリーが変わったわけではありません。彼女は五分前と全く変わってはいないのです。きっと、これまで誰も気づかなかっただけで、発作は生まれたときからずっとあったのだと思います」と、付け加えました。

それから、私は、ローリーが座ったり立ったりしていない限り、無動性エピソードの筋肉虚脱がはっきりと見えることはないでしょうと説明しました。

バーバラはヒステリカルな状態から平静さを取り戻すと、敷物の上の私のそばに小さくなって、しわくちゃのティッシュペーパーで涙を拭きました。

「あんな言い方をして申し訳ありませんでした。ずいぶん失礼なことをいたしました。きっと、あなたがおっしゃる通りだと思います」

「あなたを怖がらせるつもりはありませんでした」

ローリーは母親の方を向いて腕を伸ばしました。バーバラは悲しげに微笑むと、小さな少女を抱きしめ、手足をさすり、黄色い髪をなでました。

「かわいそうな子、かわいそうなローリー。これまでも充分苦しい思いをしてきたというのに……。……その上まだ……あなたは何か悪いところがあるとおっしゃるのですね……良くなることはあるのでしょうか」茶色がかった金色のまつげに新たな涙が光りました。「ローリーは私にとって本当に本当に大切な子なのです。わかっていただけるでしょう？」

「ええ、もちろんですとも。そして、このことがあなたにとってどんなにつらいことかも。でも、絶望してはいけません。痙攣発作はかなり一般的なもので、」と、私は彼女を安心させるように続けました。「適切な診断と投薬があればうまくコントロールしていくことができます」

「ローリーがこんなによく泣くのは、やはり、痙攣発作のせいなのでしょうか」

「おそらく、間接的には。ローリーには痛みがあるようです。胃の炎症かもしれません」私は、胃炎や胃潰瘍という言葉は使わないようにして答えました。「てんかんはきわめて予測しにくい病気です。さまざまな腹部の不調をもたらすことが知られており、そうした可能性を見逃さないようにしなければなりません」と締めくくりました。

もはや好戦的ではなく、バーバラは納得したようにうなずきました。「ローリーがこんなに痩せているのは、確かにどこか悪いところがあるに違いありません。この子の食の細さや、体重がなかなか増えないことを考えると心配で心配でたまりません」

私は自分の腕時計をちらっと見ました。空港に行く時間でした。

「電話でタクシーを呼んでもよろしいでしょうか」と、尋ねました。

「いいえ、私がお送りします」と、バーバラはローリーをマーサ・メイに手渡しながら強く言いました。

空港への道すがら、バーバラは再び彼女の言動について詫びると、私がローリーに会ったことや助言をしたことに対して何度も礼を言いました。バーバラは話すにつれて、顔の美観を損ねていた厳しい表情が和らぎ、目に見えてリラックスしたようでした。私は、彼女の怒りの爆発が、恐れや落胆、そして絶望によって引き起こされたもので、おそらく、あの瞬間まで完全に表現されたことはなかったのではないか、そして、それまで彼女を覆っていたつらく苦しい思いを軽くするために役立ったのではないかと判断しました。

それから一ヵ月ほどして、私はバーバラから我を忘れさせるほど嬉しい手紙を受け取りました。神経学的試験で、私の疑っていたことが確認されました。ローリーには本当に無動性の痙攣発作がありました。一度フェノバルビタールの投与量が調整されて疾患がコントロールされようになると、ローリーはひっくり返ることもなくなり、かなり長い間ひとりで座っていることができるようになりました。彼女は這ったり立ったりすることもできるようになりました。さらに、レントゲンはローリーが胃潰瘍であることを明らかにしました。この問題の正確な原因ははっきりしませんでしたが、これについても治療が施されました。ローリーの食欲は改善され、絶え間ない泣き声もなくなり、彼女の体重は二・五ポンド〔約一・一キログラム〕も増えました。

一年後、私は二回目のワークショップを行うためにメーコンに戻りました。このとき、発達センターで会ったローリーは、プリスクールの幼児クラスに毎日通っていました。私が到着したとき、ローリーはハイチェアーに座り、ピーナツバター・サンドイッチをおいしそうに食べていました。年齢にしてはまだ小柄でしたが、彼女の痛ましく小さかった顔はふっくらとし、いかにも健康的で肉づきも良く、細く艶のなかった髪の毛さえも、いまやふさふさとして健康的に輝いていました。ローリーはそれでもまだ認知面や運動面の技能では追いつくまでかなり大変で、風邪や感染症に罹りやすい状態でしたが、全体的にはより健康的で、より幸せそうな子どもになりました。そして、バーバラの外観もやつれて心配そうではなくなりました。もはや絶望的ではなく、明るい笑顔は彼女を若く魅力的にしていました。この最後の訪問の後は、バーバラからの手紙が届くことはありませんでした。このことは、ローリーが引き続き進歩していることから、バーバラはこれまで彼女を苦しめてきた心配をいくらか脇に置くことができ、すべてがうまくいっているということではないかと私は解釈しました。

ローリーの無動性の痙攣発作がこれほど容易に確認されたことは、ある意味で幸いでした。いつもこんな風には容易に確認されるわけではなく、脳のスキャンが異常を明らかにできず、親や教師にとって、子どもが本当に発作を起こしているということを神経科医に納得させることが難しいケースもあります。ショウナのケースはこのようなケースでした。

ショウナ

ショウナはダウン症の子どもで、実験教育ユニットの幼児クラスに通っていました。彼女は、動きが良く調整されていて、優れた生徒になることが約束されていたような社交的な子どもでした。この本の一章で述べましたが、小さなマギーのために猛然と闘った献身的で愛情深いペニーは、ショウナの進歩を喜んでいました。

「ショウナはとっても利発なのですよ」ペニーは私に自慢しました。「彼女のＩＱはかなり正常に近いに違いありません。ご存じですか。彼女が一週間で、自分の名前と、そのほかにテーブル、椅子、窓、ピアノなど、私が教室にある物の名称を書いた単語を十個も読めるようになったことを」

「素晴らしい！」私も同意しました。

数日後、私は入り口でペニーに会いました。彼女は暗い表情をしていました。「何か良くないことでも？」と、私は尋ねました。

ペニーは不機嫌な目をして言いました。「なにもかも！」

「どうして？」

「おお、ショウナが私のデータをメチャメチャにしたのです」

私は、教師たちが生徒たちの進歩の記録を毎日つけていることを知っていました。子どもが三日間一貫して正しい反応や行動ができると、次のステップに移行することになっていました。私は、ショウナがこのゴールに到達しなかったのだと思いました。

「彼女は基準に達しなかったのですか」

「やってみようともしなかったのです！」

「もしかしたら、彼女は飽きてしまったのか、あなたが難し過ぎることをさせていたのかもしれませんね」

ペニーは憤然と彼女のほっそりとした肩をいからせました。そして、私の言葉に気分を損ねて、「子どもが飽きているかどうか私にだってわかります。それに、難し過ぎることをさせるなどということはありません！」と、宣言しました。

私は申し訳なく思い、微笑みました。「あなたは何が起こったと思いますか」

「わかりません。彼女はただ……ボーっとして……まるで、そこにいないかのようなのです。同じようなことがジュース・タイムや音楽の時間にも起こりました。彼女が気づいてクラッカーを取るまで、三回も彼女の名前を呼ばなければなりませんでした」

「音楽の時間はどうでしたか」

「同じです。彼女はリズム・スティックを取ると、それを抱えて宙を見つめ、ただ座っているだけでした」

「聴力検査はしましたか」

「もちろんです。私はクラスが終わるとすぐに聴力を検査してもらうために彼女を隣のCDMRCに連れていきました」

「それで?」

「どちらの耳も正常でした」

中耳内の液体の貯留を伴う耳の炎症とその結果として起こる聴覚障害はダウン症の幼い子どもたちにおける最も重大な問題のひとつでしたから、ショウナの奇妙な行動の原因を突きとめるために、ペニーや私が即座に考えたことは、まず最初に彼女の聴力を検査することでした。

子どもの注意力の欠如や、言語発達の遅れ、多動や破壊的行動について、私の助言を求めて、親や教師たちに照会されてやってきたダウン症の子どもたちの多くは、私が勧めた聴覚機能訓練士による聴力検査の後で慢性的な耳の炎症に罹っていたことが発見されました。これらの検査は、ダウン症の子どもたちの耳道がとても小さく不規則な形態をしているために、日常的な診察業務における耳の検査では医師が耳の異常を見つけるのは不可能なことが多いことから、専門家によってなされることが重要なのです。

ショウナのケースでは、しかしながら、私たちは原因を別に求めなければなりませんでした。ペニーと話してから数日後には、ショウナは以前のような積極的に行動する子どもに戻りました。そこで、ペニーが子どもの注意力の欠如した状態はあの時期だけのものと考えはじめた、ちょうどそのときでした。また、起こったのです。ペニーはこれらの出来事の動向をしっかり押さえはじめました。それから数回のエピソードの後、ペニーはショウナが小発作を起こしていると結論づけました。私たちは、この疑いについてこの少女の両親と話し合う時期であると判断しました。

ショウナの両親もこうした空白の時期があることに気づいていました。それでも、娘の全体的な発達や行動はとても優れていたので、彼らは白昼夢のちょっとした瞬間はそれほど重要でないエピソードとして考えないようにしていたのでした。それにもかかわらず、ペニーがショウナを神経科医のところへ連れていくように提案したときに彼らは進んで同意し、ローリーの母親のような情緒的な反応はまったく示しませんでした。

私はそのときはショウナが発作を起こす疾患を持っているというペニーの信念を共有していましたから、私たちはどちらも、EEG（electroencephalogram：脳波検査）の検査結果が異常なしと出たときには大いに驚きました。ショウナの両親はその判断を受け入れて救われましたが、ペニーは違いました。

「ショウナが小発作を起こしていることは私がよく知っているのに、誰も私を信じてくれないのね！」ペニーは不満げでした。「神経科医にここに来てもらって、直接この問題を見てもらうことができればいいのだけれど、彼女がいつまたボーっとするか私には予測できないし……」

一週間ほどして、ペニーは彼女に計画があると発表しました。

「私はショウナをビデオに録ろうと思います。メディア・サービスからカメラを借りて彼女の発作を録るつもりです！」

そのときから、ペニーはカメラを片時も離さないでいました。間もなく、彼女の注意深い観察力が報いられるときがきました。再びショウナは一日の間に数回のエピソードを経験したのです。その結果、ペニーはショウナの両親と神経科医に説得力のあるビデオテープを意気揚々と示すことができたのでした。その証拠は決定的でした。ショウナは薬を投与されるようになり、側頭部の発作は過去のものとなりました。

もう一度、ペニーの注意深い観察力と献身が、援助を必要としている子どもを救うのに役立ったのでした。

第11章　涙と勝利

頭上の明かりが、分娩室のステンレス・スティールやクロム、そして微かに光るタイルの上に白く硬い光を投げかけました。テーブルの上に横たわり、立てた膝の上に病院の緑色のシーツが掛けられ、周囲を、帽子をかぶってマスクをかけ、ゴムの手袋をはめた緑色の人影に取り囲まれたちょうどそのとき、パメラ・ジョーンズは光のなかでぼんやりしていました。新しい生命をこの世にもたらすという太古の任務に精神を集中させて、彼女の身体は、変更できないひとつの決断へ向かって困難を排しながら突き進むことだけを目的とした機械になっていました。彼女の呼吸は短くなり、練習を積んだ浅速呼吸になりました。発汗は彼女の髪を湿らせ、彼女の顔を流れ落ちました。彼女は経帷子《きょうかたびら》のようなものを着た人たちのなかのひとりの手を握り、その強さで指が白くなっていました。容赦なく押し寄せる潮のように、高まっていく苦痛の波が、彼女を転がしましたが、彼女は努力を増大させ、それらの攻撃に備えました。

「もう一度」と、マスクでくぐもった外科医の声が聞こえてきました。「さあ押して、もっと強く押して、もう少し」

筋肉が最大限に緊張し、苦痛も頂点に達したそのとき、突然、固体であるにも関わらず何か弾力のあるものが彼女の股間を滑り抜けると、信じられないような解放感がありました。彼女は生まれたばかりの我が子の泣き叫ぶか細い声を聞きました。

解放感が洪水のように彼女を襲い、パメラは消耗して枕に身を沈めました。油断のならない静寂が部屋を覆っていました。

「男の子ですよ」医師はようやく、冷たく平坦な声で話しかけました。

その平坦さ、その忌まわしい沈黙をパメラは的確にとらえました。警報がジャンジャン鳴り響いているかのように、恐怖が彼女の神経を苛立たせました。

「何か悪いことでも！」彼女は身を起こそうともがきました。「もしかしたら、私の赤ちゃんに何かあったのですか！」

誰かが彼女の肩を軽く叩き、彼女の背中を枕の方にそっと戻しました。

「静かに横になっていれば、すべて大丈夫よ」

「私の赤ちゃんを見せて！」

「さあ静かにして、あなたには休息が必要よ」

パメラがアルコール綿の冷たいひと拭きと注射針の痛みを感じると、次の瞬間、部屋が傾き、彼女の意識は遠のいていきました。

パメラが目覚めたとき、彼女は静かな暗くした部屋に横たわっていました。白いカバーが彼女の両脚の方までこぎれいに広げられていました。通過する車の安定した震動は、遠くで打ち寄せては砕ける波のとどろきのように彼女の耳に届きました。遅い午後の太陽が、部分的に閉じたよろい張りのブラインドの隙間を見つけて、天井にうっすらと黄色い縞模様をつけていました。私はどこにいるの？

彼女は自分の状況を把握するために、自分の妊娠した身体のなじみ深い膨らみを触ろうとして手を伸ばしました。彼女の手は平らな……突き出ていた丸みのなくなってしまった表面に落ちました。パメラは急に正気を取り戻しました。夢ではありませんでした。本当に起こったことでした。彼女の赤ちゃんは実際に生まれていました。記憶が戻るにつれて、悪いことの前兆である不安の感覚もあざやかによみがえりました。その感覚は現実だったの、それとも夢の一部だったの？

パメラはナース・コールのボタンを押そうとして振り向きました。ひとりの男性が手で顔を覆い、前かがみの姿勢で椅子に座っていました。ロバート！　喜びで彼女の心拍は速くなりました。夫のロバートはここにいました！　彼らは一緒に子どもの出産教室に出席して彼女の呼吸の練習をし、そして彼が彼女の分娩中のコーチになることを計画していましたが、予定日より十日も早く陣痛が始まったときには、ロバートはシアトルから七十マイル〔約一一三キロメートル〕南の建築現場にいました。

「ロバート？」

彼はすばやく立ち上がると彼女のそばに来ました。彼女は彼の肩に手をまわし、キスしようと顔を上げましたが、彼はうなだれすすり泣きはじめました。

その瞬間、雷に打たれたように彼女は確信しました。赤ちゃんは死んでしまったのだ！

「パメラ？」

ケターソン医師が部屋に入ってきて声をかけました。彼は毛布にくるまれた小さなものを持っていました。ロバートは窓の方へ行き、背を向け、こっそりと自分の目を拭きました。しかしながら、医師が現れたことで彼女の恐怖は消え失せました。ロバートは喜びで泣いたのだと、パメラは判断しました。彼女は腕を差し延べ、微笑みました。

「彼は大丈夫ですか？」

医師は近づきましたが、微笑みは返ってきませんでした。「ええ、手や足の指がちゃんとそろっているという意味でしたら、健康な赤ちゃんです」

「まあ、嬉しい。なんて幸せなのでしょう！　私の赤ちゃん、赤ちゃんを私に下さい」彼女は晴れやかに微笑み、くるまれているものの方へ手を伸ばしました。

ケターソンは、哀れみで暗くなった目をして彼女を見ました。「大変お気の毒ですが、すでにご主人にはお話ししたことをあなたに言わなければなりません。あなたの赤ちゃんは基本的には健康ですが、ダウン症です」

「どういうことですか！」彼女の声は醜くしわがれました。

「蒙古症です。あなたの赤ちゃんは蒙古症なのです」その医師は乳児を彼女の腕のなかに下ろそうとしましたが、彼女は、まるで青い毛布にくるまれているものがとぐろを巻いたコブラであるかのように怯《ひる》みました。「ちがうわ、そんなこと嘘よ！　私の赤ちゃんじゃない、これは私の赤ちゃんじゃないわ。そんなものいらないから持って行ってちょうだい！」彼女は壁に自分自身を叩きつけるようにして泣き出しました。

医師は居心地悪そうに位置を変え、咳払いをしました。「後でお話しましょう」静かに、むしろ、こっそりと、毛布でくるまれた乳児をベッドの上に横たえ、彼は背後でドアを閉めながら、静かに部屋から出て行きました。

もう一度、ロバートは彼女を腕に抱きました。夫と妻、母親と父親がしっかりと身を寄せ合って共に泣いている、その間ずっと、彼らの幼い息子は彼らの間に横たわって穏やかに眠っていました。ようやく涙が止まり、パメラは手を伸ばしてクリネックス〔ティッシュペーパーの商品名〕を取り、目を拭き、鼻をかみました。

「ああ、ロバート、私たちどうしたらいいの？」

ロバートは顔をあげ、彼女の赤くなった目を見つめました。

「君はどうしたらいいと思うんだい？」

「この子は私たちの赤ちゃんよ」

「そうだね」

「あなたは……、あなたは」彼女の声は囁くように小さくなりました。「蒙古症……蒙古症のこと……何か知っているの？」

「ダウン症？　医師が僕に言ったのはそれだけさ。僕たちは学ばなきゃならない、そうだろ？」

「そうね」

赤ちゃんは眠りながら、鼻を鳴らし、小さなしゃっくりをしました。

パメラは不安で緊張しました。「あなたはもうこの子を見たの？　この子……そんなに……そんなに恐ろしい格好してるの？」

「わからない……見てみようか？」

ロバートは手を伸ばして毛布にくるまった赤ちゃんを抱き上げ、彼女の横に寝かせました。パメラは息を殺し、震える指で毛布をはがしました。

彼女はシューッと息を吐きました。そして、小さな笑いと共に彼女の声がはじけました。

「ロバート、可愛いわ！　この子の髪の毛を見て、巻き毛よ！」

「それに赤毛、君の髪と同じだ」

「わからないわ……どうして、そんなに恐れたのかしら……こんなに可愛いのに……この子は……普通の……まったく普通の赤ちゃんじゃないの」

彼女はその乳児を胸に抱きしめ、絹のような巻き毛にキスしました。彼女の目には安堵と愛情の新鮮な涙が光っていました。母と子の最初の絆が結ばれたのでした。

「それでも、彼はダウン症なんだよ」と、ロバートが警告しました。

「わかっているわ」

「彼は発達するのが遅いと医師が言った。特別な援助や訓練が必要だと……」

片腕に赤ちゃんを抱きながら、もう一方の腕でパメラは夫の手を握りました。「でも、私たちはするわ、そうでしょ？　私たちはこの子にとって必要な援助なら何でもするわ……そして……そして、私たちは、この子がどんなにできてもできなくても、この子を愛し、この子を世話し、そして、この子を受け入れてみせるわ」

ロバートは彼女の手を握り返しました。「もちろんさ。この子は私たちの息子だ。そして、僕は君たち二人をとてもとても愛している」

ロバートとパメラは実在の人たちではないかもしれません。しかし、私が記述した彼らの経験は、私が知っている夫婦の経験にもとづいているという意味では事実です。障害児の精神的外傷によって打ちのめされる夫婦のなかには、最初の悲嘆から愛と肯定的活動による受容への移行を成功させることができる夫婦もたくさんいます。

私にパメラとロバートのことを書きたいと思わせた夫婦のことを考えるとき、私は[*]ジュディと[*]ジェームス・マリックそして、彼らの息子の[*]ジェーソンを思い出します。マリック一家はワシントン州バンクーバーに住んでいて、私が夫妻と、つややかな赤みがかったブロンドの髪をした快活な乳児ジェーソンに会ったのは、私が講演者のひとりとして参加していた会議期間中に滞在していたホテルの部屋でした。

私たちが会う前に、私はジェーソンの援助を求めるジュディの手紙を受け取りました。彼らが住んでいる地域には早期介入プログラムがなかったからでした。彼らのニーズと、同様の状況にあるほかの家族のニーズを認識し、そして、ジュディと個人的に話した後で、私は彼女の地域に乳幼児プログラムとプリスクール・プログラムを確立するための援助を申し出ました。

その計画はとても成功し間もなくクラーク・コミュニティ・カレッジの後援により、ＰＲＩＤＥ《プライド》プログラムへと発展しました。ジュディの絶えることのない貢献と、ナンシー・ウォーレンの教師およびコーディネーターとしての熟練した専門技術のもとに、プログラムは発展し続けています。一九八五年には、ＰＲＩＤＥはプログラムの発足十周年記念を祝いました。ジェーソンは、プログラムの初日から六歳で公立学校に入学するまで、このプログラムに参加しました。ジェーソンは現在高校を卒業し、いくつものローカル・プロダクションの作品に出演しながら、演劇や演技することに大きな関心を持っている青年です。

何年にもわたって、新生児、幼児および就学前児の親たちと話す機会をたくさん持ってきましたが、私の主な関心はいつも早期の子どもたちにあったことから、大きな子どもの親たちと接触を持つことが比較的少なく、また、私が就学前に関わった子どもたちが成熟して成人となってから親たちが抱く困難や不安、落胆、そして、喜びや希望などについて彼らから学ぶ機会もあまりありませんでした。私の経験におけるこのギャップを埋めることを期待して、私はジュディ・マリックに、特別なニーズをもつ成熟した息子の母親として、彼女の思いや気持ちを私と共有してくれるように頼みまし

高校バスケットボール部のマネージャーとして立派に役割を果たしたということで与えられたレターマン・ジャケットを着たジェーソン・マリック（19歳）の卒業写真。
〔レターマン：学校対抗試合で優秀選手として母校の略字マーク（レター）着用権を得た者〕

た。彼女はこんな風に書いてくれました。

「ジェーソンの母としての二十一年間、一般の他人や社会による恐れや偏見、無理解、そして、先入観的・固定観念的な見方や態度などのすべてのバリアー〔障壁や妨げ〕への調整は、私にとっては最も困難なことでした。こうしたバリアーは最も取り除きにくく、親として最も理解しがたいものでした。私は、表面上は日々〈教え〉なければならないことでいらいらすることもしばしばありますが、ほかの人と違っていても、学ぶ方法が違っていても遅くても、話したり聞いたり愛したりする方法が違っていてもかまわないのです。私たちは皆同じではありえないのです。ジェーソンには、どの子にもあるような感情や気持ち、そして可能性のすべてが備わっています。彼は、仕事やガールフレンド、住まい、結婚、そして、旅行などに対する夢や希望のすべてを持っている少年です」

「ジェーソンにとって必要な、危険覚悟でやってみることによってより高いレベルに挑戦することができるような、そんな機会を与えてくれるクラスに彼を配置するためには、絶えず教育システムと取り組むことになり、そのことで私の気持ちや時間をずいぶん消耗させてきました。私は、違っていることよりもずっと似通っていることの方が多いということを、彼が少しずつ証明していけるような機会を彼に与えたいと思ってきました。統合教育の経験を通して、その〈違い〉は珍しいものではなくなり、そんなに重要なことではないと思えるようになりました。ジェーソンは違ってできるのです。私は、ジェーソンに期待をもって接するなら、彼はその期待に応えてくれるのだということを発見しました」

「それでも私は、仕事や、経済的、医療的、そして教育的な悩みなど、余計な心配事のどれについても、ジェーソンが違っていてほしくないと言わなければなりません。私たちの六人の子どもたちのひとりとしてジェーソンを持ったことによる努力と報酬は、私たち家族の絆を強くして生きることのすばらしさを教えてくれました。彼には、この偉大な神によって与えられた世界をとてもよく認識し感謝する力があります。彼の優しさや愛情、気遣い、礼儀正しさ、そして、思わずつられてしまうような笑いは、私たち一人ひとりの能力がどのようなものであろうと、相互に認め合うことができるように、私たちみんなの気持ちをくつろがせ、微笑ませてくれます」

「私はまた、ジェーソンのおかげで、生涯を通じての素晴らしい友人を得ることができたという事実も認めなければなりません。彼らは私の支援組織のようなもので、私を情緒的にも精神的にも強く支えてくれます」

「ジェーソンのおかげで、多くの専門家たちや教育に携わる人たちがより新しくより高い期待を持ち、すべての人びとが恐れや無知や偏見を少なくしていくことで、バリアーのいくつかが取り除かれていき、より多くの夢が現実になりつつあることを知ることができてとても満足しています」

ジュディは次のような追伸で彼女の手紙を締めくくりました。「月曜日には、ジェーソンとマイケル・ペンダーグラフト（友人でダウン症のクラスメート）は、空手の初段のテストを受けることになっています。少年たちは昨年の十月から空手を習っているのです。彼らは空手が大好きで、先生もとてもすばらしい方です。私たちの地方紙にはそのことが大きく掲載されています」

「水曜日には、私はジェーソンの学校の生徒や先生方に、ハンディキャップのある子どもの親について話をする予定です。きっと、おもしろいことでしょう」

特別なニーズをもった子どもの誕生で流される涙は本物で、困惑、心痛、そして、悲嘆も確かに本物なのですが、人間の精神にはそれらをはね返して立ち直る力があって、多くの場合、親たちは勇気と決断をもって対処していきます。ジュディが書いているように、さまざまなバリアーと闘うジュディやジェームス・マリックのような親たちは、質の高い教育を世論に喚起して、彼らの子どもたちが勝利者となるための社会的、教育的、職業的な機会を保証するために、すべての困難に立ち向かって屈せずにやり通す親たちです。彼らのたゆまない努力の結果、父親や母親たちは、かつては最も初歩的な生活技能でさえ獲得するのが不可能と信じられていた彼らの子どもたちに、これまで検出されず満たされていなかったさまざまな可能性を見出す喜びを得るのです。こうした親たちは彼らの子どもたちが、知的、社会的、経済的に自立した個人として機能するのを見る喜びを得るのです。これこそ彼らの報酬であり、勝利の喜びなのです。

『マイフェア・レディ』から，フレディ・アインスフォード・ヒルを演じるジェーソン・マリック

第12章　イエメンからの詩人、父親たちの苦悩

もし、私に力があれば、息子よ、
私はおまえの骨を造り
おまえの脳に知性を分け与えよう
私の人生をかけて。
そうすることで、おまえは障害なく生き、
私はゆっくり眠れるだろう、
おまえが飢えや乾きで死ぬことはないだろうから。恐れが
私を悩ませる、私の死後、おまえは苦しむかもしれない、
寛大さが完全に卑劣な世の中で。
おまえに知ってほしい、私がどんなにおまえのことを思っているか、

私がどんなに病もうとも、おまえが病気のときには、眠らずにいて、
どんなにおまえの苦悶を哀れんでいるかを。なぜならおまえは私に、
善と愛、無垢であることがいかに至福であることかを教えてくれた。
私は話したことがあっただろうか、おまえの健康が
海洋の深みに横たわっているなら
私は怒涛のなかに飛び込んでいただろう、
もし、山々の最高峰上にあるなら、
私はその神秘の頂に登っていただろう、
もし、遠くの星々のなかにあるなら、
私は決死の翼で飛んでいっただろう。
けれど、ああ、息子よ、私たちの住む東の国は、
人生は無価値で、人が互いに気遣い合うこともできないのだ。

この詩は、十四歳のダウン症の少年の父親で、私が「イエメンからの詩人」と呼ぶ、アリ・モハマド・ルクマン*がアラビア語で書いて翻訳してくれたものでした。私はこの詩が、私が父親たちについて述べようと思う内容にふさわしい序論であると信じています。前章は、ハンディキャップのある子どもを持つことの情緒的衝撃と、関わる人たちの人生にどれほどの影響を与えるものかということに

ついて割きましたが、それでも、このような議論を父親たち特有の苦悩について特に言及することなく締めくくるわけにはいきません。父親たちも傷ついているということや、ダウン症やそのほかの欠陥をもつ赤ちゃんたちの誕生が、その母親たちばかりでなく父親たちにも深く影響を及ぼしているということを、社会は常に認識しているわけではありません。確かに、特に新しい赤ちゃんの人生にとって重要な最初の二、三ヵ月間は、世話にあたるという直接的な重荷を負う者は一般に母親であり、母親は仕事などによるはけ口を常に持っているわけではありません。一方、母親は、さまざまな問題や心配事を共有することができるほかの母親たちと会うことのできる乳幼児学習プログラムに関わるようになることができます。彼女はまた、プレッシャーが大きくなり過ぎると、社会的な非難を受けずに泣くことによって軽減することができます。

しかしながら、父親たちは、彼らが苦しんでいる情緒的な痛みについては誰からもほとんど顧みられることなく、生計を立てるための仕事について先に進むことが期待されています。一般的に男性は公的または私的な場で泣くことは許されず、また、自己疑問や無力感、挫折感、恥、あるいは、弱さや男らしさの欠如を暗に意味するかもしれないような感情については自由に話すことができません。そして、ほかのハンディキャップの子どもたちの父親たちと会って話をする機会もなかなかありません。それにもかかわらず、問題や傷は現実のものなのです。

ピストル自殺をした友人の悲惨なケースは、父親が経験するかもしれない葛藤の極みを示すものです。このような状況にあって、自殺を図る人は少ないとはいえ、ダウン症児の父親たちの間の離婚した男性たちの不均衡な数は癒されることのない苦悩の発生率が異常に高いことを示唆しています。

一度、私は東京で親たちの大きなグループにこの話題で講演したことがありました。私の言葉が通訳によって翻訳された後、ひとりの男性が立ち上がると、涙が彼の頬を流れ落ちました。彼は、幼い息子がダウン症で生まれたと私に英語で言いました。これは、誰もが初めて彼の心の痛みを認め、彼が初めて深い悲しみを共有することができたと感じたときでした。彼はその証言を日本語でくり返すと、ほかの大勢の男女も涙を流し、そして、共感的な拍手が大きく鳴り響くなかで席につきました。アジアの禁欲主義のなかにあっても、彼らの涙は癒しのプロセスとして歓迎されるべきものであると、私は思いました。

早期介入プログラムは乳幼児や母親たちだけではなく、父親たちに対しても提供されるべきなのです。このようなプログラムは、ワシントン大学において乳幼児学習プログラムの一環として始められたものですが、大きな成果が証明されました。父親と子どもたちは月に二回、土曜日の朝のクラスにやってきました。

そのプログラム(9)は父子相互作用に焦点をあてていました。父親たちは、歌やゲーム、そして、基本的な粗大運動練習を通して、それぞれ自分の子どもたちとの関わり方を教わりました。プログラムの父子関係の側面に加えて、父親たちは一般的に関心のある話題について、男性の話題提供者（通常は小児科医や歯科医、教育者、または法律家たち）から話を聴く機会を持ちました。それから、赤ちゃんも大人たちも飲み物で喉を潤しながら懇談し、朝のクラスは終わりました。

母親たちが互いに援助や相談し合うことを求めているように、年少の赤ちゃんの父親たちが年長の子どもの父親たちからの助言を求めているということは重要なことだと私は思いました。こうしたセッションからのもうひとつの肯定的な副産物は、夫と妻が共有できる部分が増え、彼らの赤ちゃんの発達において家族全体が関わるようになったことでした。

イエメンからの詩人

私がアリ・ルクマン氏に会ったのは一九七八年十月下旬の金曜日の午後のことでした。彼は私に会うために、息子のガラと、アメリカ軍の軍医をしているガラの兄を伴って、大学にやってきました。私はすれ違ったときに、兄が楽器のケースを持ち、三人の女性を従えていることに気づきました。ルクマン氏と彼の息子たちは、白いワイシャツにネクタイを締め、濃い色のスーツといった西洋の服を着ていましたが、女性たちは長くゆったりとした黒いローブにすっぽりと覆われていました。ベールに覆われてはいないものの、暗くよそよそしい顔は彼らが身にまとっている布の影に消えてしまいそうでした。

中肉中背で銀色に光る黒い毛と軽量銅のような色合いの肌をしたルクマンは魅力的な男性で、彼の柔和な顔立ちと、深く内なる炎の光が輝き、人を動かさずにはおかない強烈な黒い目に、私は思わずひきつけられました。

ルクマンは恭《うやうや》しく私にあいさつをすると、彼の仲間たちを紹介しました。女性たちのひとりは彼の妻で、ほかの二人は姉妹でした。男性たちと握手を交わしてから、女性たちの方を向くと、彼女たちは離れた所に集まって像のように静かにじっと立っていました。洗練された声、完璧な英語で、ルクマンは彼と彼の妻、そして、義理の姉妹がイエメンに戻った後も、ガラはアメリカの学校に通うために兄と一緒に残ると説明しました。これが、私に、ガラの評価と、その少年のための適切な学校プログラムを推薦することを依頼した理由でした。

勤務時間を過ぎていたので建物のなかは閑散としていました。私は、遠くの方で管理人が使っている床磨き機のブーンという音が聞こえてくるだけの、人気《ひとけ》のない廊下を通って、私の評価器具を用意してある教室へとその人たちを導いていきました。

私は小さなテーブルを挟んでガラと向かい合って座りました。ルクマン氏は、私たちの通訳として私の横に座りました。残りの人たちは数フィート離れた所にある椅子に掛けました。私たちのセッションは、ガラの知的能力の一般的評価で始まりました。言語の壁があることから、私はピーボディ・ピクチャー・ボキャブラリー・テスト（Peabody Picture Vocabulary Test）を用いることにしました。これは、非言語的な評価方法なので年齢に関係なく子どもにも大人にも適用することができます。テストそのものは、単純な見慣れた物から、次第に複雑さを増し抽象概念を表現した、より難しい語彙に対応する描画までの、一連の絵で構成されています。ピーボディの各ページには、物や動物、行為、概念などの四種類の絵が描かれています。生徒は、各ページの四枚の絵のなかから、評価者が言う名称を聞いて正しいと思うものを指し示すように要求されます。このテストは言語理解力ばかりでなく、知的注意力や環境理解力などを測定します。

ガラはとてもよく取り組み、軽度から中度の精神遅滞の範囲の得点でした。彼はもの静かな行儀の良い少年で、私が彼の前に取り出した追加の教科課題についても等しく意欲的に集中して取り組みました。評価の最後に、ルクマン医師は彼が持ってきた楽器のケースを開き、ガラにギターを手渡しました。

「あなたのために弾いてもかまいませんか」ルクマン氏は私に尋ねました。

「もちろんですとも！」

伴奏にギターをかき鳴らし、ガラはアラビアのフォーク・ソングを歌いました。それは、愉快で調子の良い演奏でした。ガラの教育には明らかなギャップがあり、英語もまだ学んではいませんでしたが、私は彼が本当にアメリカの学校や生活に適応する能力を持った可能性のある若い少年であることを家族に請け合い、彼のための両親の努力を喜びました。異なるものに対してあまり寛容でない国にいて、アリ・ルクマンは愛情深い父親でした。彼はガラを受容し、息子の可能性を信じ、彼ができる限りのことを息子に教えました。

それから間もなくして、私は「イエメンからの詩人」から次のような手紙と、彼の詩のコピーを受け取りました。

親愛なるドミトリエフ夫人

私は今帰路にあります。私は、息子ガラのために貴重な時間を割いて下さり、そのうえ、とても親切に彼についての専門的な意見を聞かせて下さったあなたに対する、私の深い感謝の思いを記録に残しておけるならと願っております。彼の母親も兄も、そして私も、心から感謝しております。私たちは、このような少年や少女たちへのあなたの優しさ、愛情深い無力な親たちへのあなたの共感、そして、落胆した父親や母親たちの顔に微笑みをもたらすあなたの計り知れない支援と援助に深く心を打たれました。

あなたの意見は、私たちが彼について思い込まされてきた誤解の多くを正しました。私たちの国には、このような問題に直面したときに頼ることのできるあなたのような支援的な専門家や、このような遅れのある子どもたちを暖かく見守ってくれる公的または慈善的な組織もありません。

私はかつて精神遅滞の子どもたちについて一編の長い詩をアラビア語で書いたことがあり、それは私の国の新聞に掲載されました。その反響として、私の悩みや苦労を共有した、異なった息子たちや娘たちの問題を抱えたほかの父親たちのいる社会から多くの同情が寄せられました。彼らは、ワシントン州に息子を滞在させ、私がしたように、その分野の最も親切な専門家からの指導を求めるように決心すべきだと助言してくれました。私はその詩のなかから二つを抽出して翻訳しました。そして、そのコピーを私たちのあなたへの感謝のしるしとして同封いたしました。

あなたとあなたが愛する人たちの幸福な長寿と、皆様のご健勝をお祈りしております。ひとりの父親が彼自身の願いとして……


その後クリスマスの三日前になるまで、ルクマン家から音沙汰がありませんでした。ルクマン医師は電話で、ガラが地方の学校の特別教育のクラスに出席していると言ってきたときに、父親が戻ってきており、今はルクマン医師が配属されているフォート・ルイスのマディガン・ホスピタルの患者であると言いました。

「どうしたのですか、どこが悪いのですか」私は、そのニュースに心を痛めて質問しました。

「肺ガンで、彼は死ぬでしょう」と、簡潔な応えが返ってきました。

ショックと大きな悲しみで、私はクリスマス・グリーン〔モミの木やヒイラギなど、クリスマス装飾用の葉や枝〕と白いカーネーションの花を贈りました。クリスマス・イブに、ルクマン医師から、彼の父親「イエメンからの詩人」が亡くなったという電話を受けました。アリ・ルクマンは私たちが十月に会ったときには自分の病気のことを知っていたにちがいないと、私は思いました。彼がなぜ「恐れが私を悩ませる、私の死後、おまえは苦しむかもしれない」の行に線を引いたのか、そして、なぜガラをアメリカまで連れてきて彼の兄に世話をさせることにしたのか、私はそのとき理解したのでした。

私は、死を迎えたときにアリの心が安らかであったことを祈りました。

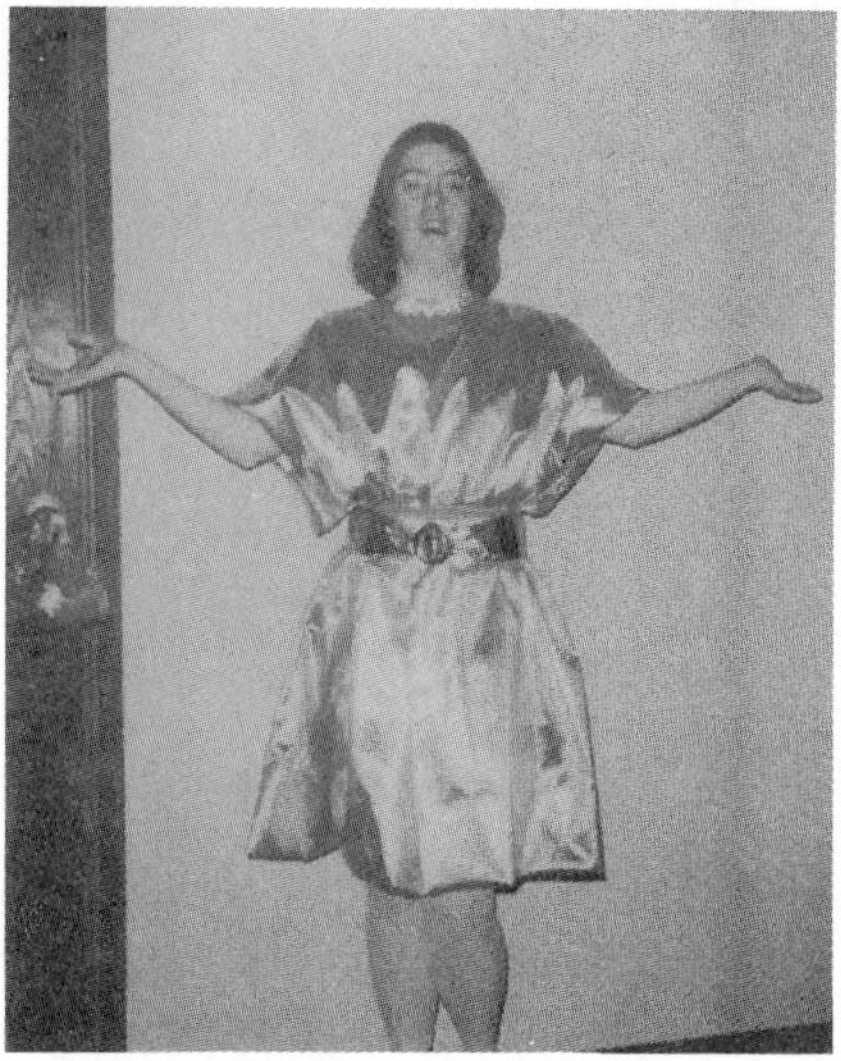

ステージで歌うキャリー

第13章　卒業ダンス・パーティとそのほかの喜び

一九八八年以来、何日間もかけて卵から孵る《かえる》一群のひよこたちのように、私たちの実験教育ユニットのダウン症の元生徒たちは子ども時代の殻を破って、一人ずつ、大人の世界へと出ていきました。これが目に見える過程は、彼らが高校から卒業したときでした。二、三人を除いて、これらの生徒たちは普通の公立学校に通い、そこでは特別教育クラスでの学習に加えて、定期的に普通クラスのなかで同年齢の生徒たちと交流していました。

二十八年前にファークレストの夏のプログラムを離れてから、私は「教えることができない」(unteachable) とされる子どもたちに教えるための方法をさがすことを夢見てきました。障害をもった幼い子どもたちの発達を高めることで、彼らは私があの州立学校で遭遇した見捨てられた者たちとしての運命から逃れることができるかもしれません。私がダウン症の乳幼児たちと取り組みはじめたときのゴールはささやかなものでした。私は手が届きそうもないような大きな望みは持っていませんでした。私は決してあまり遠くを見ないようにして、一度に一歩ずつ、一日ごとに、プログラムを計画しました。実際、私は、私たちが熱心に、物を注視し、おもちゃに手を伸ばし、座り、歩き、話し、そして、最終的には読み、書き、数え方を教えた無力な乳幼児たちが、ある日大きな波のように実験教育ユニットの保護的環境を乗り越え、先へと押し寄せていこうとは決して予測しませんでした。そうすることのできる能力と、統合教育の学校を卒業して勝者として出ていく能力は、私の最も無謀な期待を遥かに凌《しの》いでいました。

こうした子どもたちにいちかばちかで賭けてみようと思った事実や、効果のあった早期指導のシステムを考案したことのほかには、起こったことに対する私の功績はほとんど認めることはできません。スタッフや私は生徒たちが学ぶようになるための認知の最初のきらめきに火を灯したかもしれませんが、その炎を燃え立たせたのは彼らの親たちで、親たちが自分たちの要求を通して、献身的な教師たちにその火を燃やし続けることを奨励したのでした。私たちが生徒たちのその後に続く達成を誇るとき、私たちは、これらの子どもたちのなかに成功のための可能性がもともと備わっていなかったなら、これらのどれも可能ではなかったであろうということを認識しなければなりません。

彼らに可能性が備わっているということと、過去において彼らがこれまで期待されていたよりもはるかに多くのことを個々のダウン症の人たちが達成できるということは明らかです。しかしながら、教育と早期介入がこれらの子どもたちを「正常」にすることができるわけではありません。医学的な問題の多くは治すことができます。また、身体的、精神的、言語的、社会的発達は加速し高めることができますが、この遺伝子異常の本質的な欠陥が完全に根絶されることは、少なくとも現在の医学や生化学のテクノロジーでは、決してありません。

私は一九八七年に再び日本に戻って連続的なワークショップを行い、一九七一年にダウン症プログラムに入った最初の十一人の生徒たちの進歩について、追跡レポートを発表するように依頼されました。そこで、私は出発に先立って、私たちの初期の生徒たち九人に連絡を取り、再評価を行いました。もともとの十一人の代わりに九人だけというのは、グループのメンバーの一人が州を離れたことと、私たちの最も利発な生徒の一人だったB・Jが、八歳のときにウィルスの感染と心臓の疾患で亡くなったからです。

私は、再評価のためにピーボディ・ピクチャー・ボキャブラリー・テストを選びました。なぜなら、それは、子どもたちが私たちのプログラムにいる間の進歩を評価するために使った器具のひとつだったからでした。この選択は私に生徒たちが過去に獲得した点数と現在の点数を比較することを可能にしてくれました。能力を測定するひとつの方法は子どもの精神年齢をその暦年齢に関して計算することです。健常児たちにおいては、スタンフォード・ビネーのような標準化された知能テストによれば、精神年齢は暦年齢に等しいと仮定されます。たとえば、すべての典型的な十二歳の子どもたちは、年齢相応の精神的な機能が期待されます。言い換えるなら、精神年齢は暦年齢のほぼ百パーセントであるべきなのです。しかしながら、発達遅滞の子どもたちにおいては、その二つの数値の間に食い違いが見られます。たとえば、重度に遅滞している十二歳のある子どもの精神的な機能は、暦年齢の二五パーセントの精神年齢を示唆する三歳レベルかもしれません。

厳密に言うと、ピーボディ・ピクチャー・ボキャブラリー・テストは知能を測定するものではありませんが、それにもかかわらず、得点を分析することで精神年齢を読みとることができます。私の評価の結果は、二人の被験者たちの得点が最終的な分析に含むことができないほど信頼性が低いものであったという事実にもかかわらず、満足のいくものでした。そのうちの一人は病気であったこと、そして、もう一人は聴覚障害であったことから、彼らのテストの得点の使用は除外しました (Dmitriev, 1988)。それにもかかわらず、初期の生徒たちの最後の評価から十年後の、個々の子どもたちの得点は、彼らの機能が過去と同じように高く、また、いくつかのケースでは過去よりも高い暦年齢のパーセンテージを示していました。ダウン症の個人の精神的成長は、典型的な子どもたちの精神的成長よりも遅いにもかかわらず、予測された退行は起こりませんでした。私たちの生徒の精神的成長は過ぎてきた年月も彼ら自身の割合でペースを保ち、彼らの精神的能力は発達を止めることなく、彼らの精神年齢と暦年齢の間のギャップは広がりませんでした。これは、事実、ダウン症の子どもたちは五歳を過ぎると知的に発達することができないと主張して、早期介入の実行可能性について疑問視している教育者たちの間で議論されてきていることです。どちらを信じるにしても、これがその限りでないことを知るのは嬉しいことです。

デニス

デニスは、私たちが得た結果のなかにテストの得点を含むことのできなかった初期の生徒の一人でした。残念ながら、私たちの愛《いと》しい幸せそうな幼児、デニスは、プリスクールにいた頃に急激に難聴が進み、高度難聴のためにピーボディ・テストを完了することができなかったことから、結果として、私は彼の能力を正確に分析することができませんでした。そのことで大変がっかりし、また、彼の聴覚障害がテストの遂行を制限するほどであったことを知って私は悲しくなりました。しかしながら、私は覚悟しているべきでした。数年前にデニスと彼のダウン症のクラスメートたちが、健常児たちのための教育だけでなく環境に適応することのできる数人の発達遅滞の生徒たちのための統合教育も行っている中学校に入る時期が来たとき、デニスは置き去りにされました。もはやついていくことができないほどの難聴のために、デニスは隔離された特別教育の学校に入学しました。そのような状況下では、これが現実的な配置でした。クラスの規模は小さく、アカデミックな指導よりも職業訓練の方に重点が置かれました。

私が一九八七年にデニスと会ったとき、彼は十九歳でした。極度に制限された会話と内気さにもかかわらず、彼は甘く輝くような笑顔をもっていた子どもの頃と同じように優しく、従順で、魅力的な若者であることが私にはわかりました。デニスは小柄でしたが、均整のとれた体つきをしており、運動面の調和もよくとれていました。彼はスペシャル・オリンピックに参加して走る能力でたくさんの賞を獲得しました。

私たちが会った翌年、デニスは、宗教組織がスポンサーになっている障害者のための共同生活プログラムであるニュー・ホープ・ファームという農場で生活することになりました。その農場は、イースタン・ワシントンのゴールデンデールという小さな農業共同体にあります。彼の母親は、デニスがとても幸せに、仕事やレクリエーション、教会の礼拝、宗教学習など、プログラムの全体を通して楽しんでいると報告してくれました。デニスはそこでの最初の一年間はゴールデンデール高校に出席しました。彼はその翌年の六月に、健常な仲間たちと一緒に卒業しました。小さな心暖まる卒業式でした。

ニュー・ホープ・ファームの居住者は、日中は共同体のなかでさまざまな仕事に従事します。彼らには、一人部屋が三室あるモービル・ホーム〔移動住宅〕が五つ、二人部屋が二室の四人用のコテージ一つが住居としてあてがわれています。もう一つには監督しているハウス・ペアレントが居住しています。デニスは一室をもうひとりのダウン症以外の発達障害の若者と共有しており、彼とは親しく確かな友情を育んでいます。

キャリー

何年もの間一貫して、ピーボディと類似のテストにおけるキャリーの高得点は正常範囲に接近していました。今日、たとえ甲状腺機能をすべて失って、適切な甲状腺のレベルを維持するためには毎日の服薬に依存しなければならないとしても、キャリーは極めて良く機能し続けています。

高校にいる間、キャリーは水泳チームの優秀な選手として学校の略字マークをもらいました。キャリーは現在、学生生活を終えて、発達遅滞の三人を含む四人の女性と共有する家で自立生活をしています。キャリーは比較的背が高く細身で、とび色〔赤褐色〕の髪の毛と魅力的な顔立ちをしています。彼女の会話は優れていて、社会的で身体的なたくさんの活動に参加しています。彼女はフォークダンスを楽しみ、ピアノを弾き、そして、歌います。彼女はまた、泳ぎやスキーもします。卒業前の夏、キャリーと、初期のEEUの生徒たちで追跡研究には含まれなかった三人の少女たちは、サマーキャンプで働きながら四週間を過ごしました。彼らは掃除やペンキ塗り、それから、一般的なメンテナンス〔保守〕作業をしました。現在、キャリーはピュージェット消費者生活協同組合に雇われ、そこで何年も働いています。

パトリック

パトリックは最初に卒業して巣立って行きました。彼は、ベルビューのイーストサイド・カトリック高校で教育を終了しました。器量良しで、ウェーブがかった黒い髪をした社交的な若者の彼は、たくさんの友人をつくり広範囲の活動に参加して学校生活を楽しみました。彼は高校代表フットボール・チームのマネージャーとしてすべての試合に出席し、チームがほかの地域で試合をするときはチームと共に旅行しました。彼はまた、水泳チームの一員でした。教室では、パトリックは、世界文

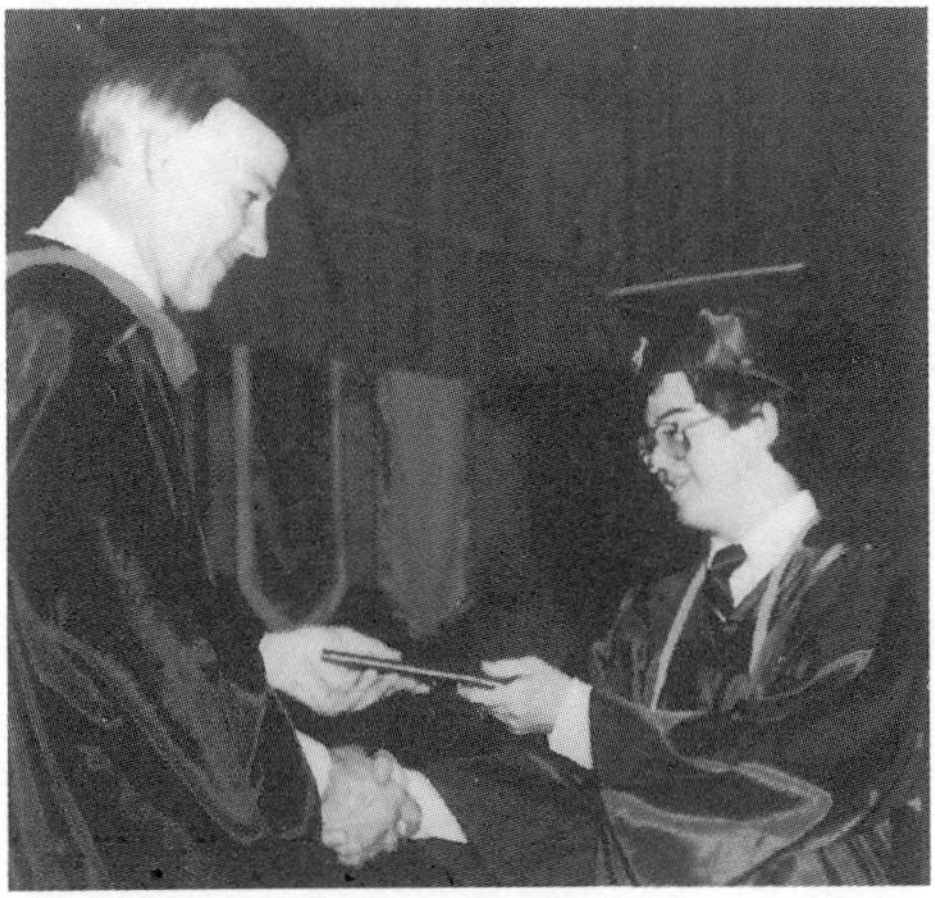

イーストサイド・カトリック高校のリチャード・エリス
校長から卒業証書を授与されるパトリック・イブジッチ

化、宗教、言語、数学、文学、職業紹介、そして、学習技能、タイプ、そして、コンピューター・サイエンスを勉強しました。

パトリックの特別な友人の一人は、イーストサイド・カトリックを彼より一年早く卒業したダウン症の女性です。アンジーは卒業ダンス・パーティーで、パトリックの相手でした。彼はタキシード、彼女は肩のあいた空色のフォーマルドレスを身につけ、魅力的なカップルになりました。

パトリックは趣味をたくさん持っていて、なかでも、自分のビデオカメラでビデオテープを作ったり、音楽を聴いたり(音楽はモーツァルトからロックまで何でも)、それから、自分のワードプロセッサーに取り組むことが特に好きです。パトリックは現在マイクロソフト社に雇われています。彼はマイクロソフト視聴覚サービスで働いており、そこで労力のいるさまざまな技能関連の職務を果たしています。

ルピタ*、マーサ*、そして、グレン*

一九九〇年五月、ネーサン高校の卒業ダンス・パーティーの晩にルピタの母親キャノ夫人*は、パーティーに行くことになっていた娘と七人のクラスメートたちのためにディナー・パーティーを計画していました。パット・オールワインと私も招待されており、そのような嬉しい場に出席できることで私たちは大喜びでした。ルピタもマーサもグレンも、私が一九八七年に評価した九人の生徒たちのなかにいました。このトリオ〔三人組〕は、プリスクールのときからの親友でした。グレンとマーサは高校の頃からつき合っていて、いつか結婚するつもりです。どちらの両親も賛成しています。

パーティーに招待されたほかの若い成人たちは同じく発達遅滞でしたがダウン症ではなく、そのなかにはルピタの相手もいました。マーサとルピタは、身体にぴったりの長い身頃《みごろ》とひだ飾りのついた短いスカートのパーティードレスを着ていました。二人とも手首にバラのつぼみとカスミ草のコサージュをつけていました。黒く柔らかそうなスペイン系のつややかな髪に興奮できらめく黒い目をして、それぞれの相手と甘く艶《なま》めかしくふざけ合うときの彼女たちは可愛らしく快活に見えました。ブロンドに青い目の少年グレンは、明るいグレーのタキシードを着て、とりわけハンサムに見えました。彼のラベンダー色のカンバーバンドはマーサのコサージュに使われているリボンに調和していました。長身で黒い髪をしたルピタの友人は、伝統的な黒ネクタイの盛装でエレガントに見えました。

私は、これらの若者たちがキャンドルライトの灯されたテーブルに座って、泡立つサイダー〔リンゴ酒〕で互いに乾杯し合い、社会的に完成した身のこなしと良いマナーで話したり笑ったりするときの彼らがどんなに魅力的で有能か、世界中の人たちが見ることができたらいいのにと思いました。パットや私、そして、出席していた両親にとって、これは幸福と誇りを強く心に感じた瞬間でした。ルピタと彼女の友人たちの将来の計画は、コミュニティ・カレッジで職業訓練やアカデミックな訓練を続けること、競争的雇用、そして自立生活に集中しています。

結び

最も重要なことは私たちの初期の生徒たちがどれだけ達成したかではなく、彼らの成功の物語が珍しいものではないという事実です。振り向けばいたるところに、ダウン症やほかの障害をもった人びとが、私たちが「正常」と呼んでいる多くの人びと以上ではないにしても、同じように機能しているのを見ます。ひとつの例は、国営テレビのシリーズ"Life Goes On"（日本題『コーキーと共に』）における「コーキー・サッチャー」として主演したダウン症の若者クリス・バークです。ダウン症のもう一人の俳優、*ジェーソン・キングスレイは"The Fall Guy"にゲスト出演しました。ダウン症の人たち全員が俳優になるわけではありませんが、ポートランド州立大学の特別教育の有名な教授*ジーン・エドワーズ（1988）は、飛行機の積み出し人から、針金を切る職工までの範囲で、競争的設定においてダウン症の被雇用者が首尾よく従事できている七十二の職種を確認しています。

過去二十年余りにわたって、一般の人びとばかりでなく医師や教育者、行政官たちの間で起こっている障害者への姿勢の変化は、障害をもつ人びととの生活にすばらしい効果をもたらし、これまで検出されなかった才能や能力のこうした芽生えのためにはまさに責任があるのです。これは、車椅子のための公共の建物への出入りやスロープや水圧（または油圧）リフトを通しての移動手段などに関することと同様に、受容、教育、雇用、余暇の機会という言葉でなされなければならないことが相当量残されていることを否定するものではありません。それから、テストの得点にもとづいて起こるさまざま

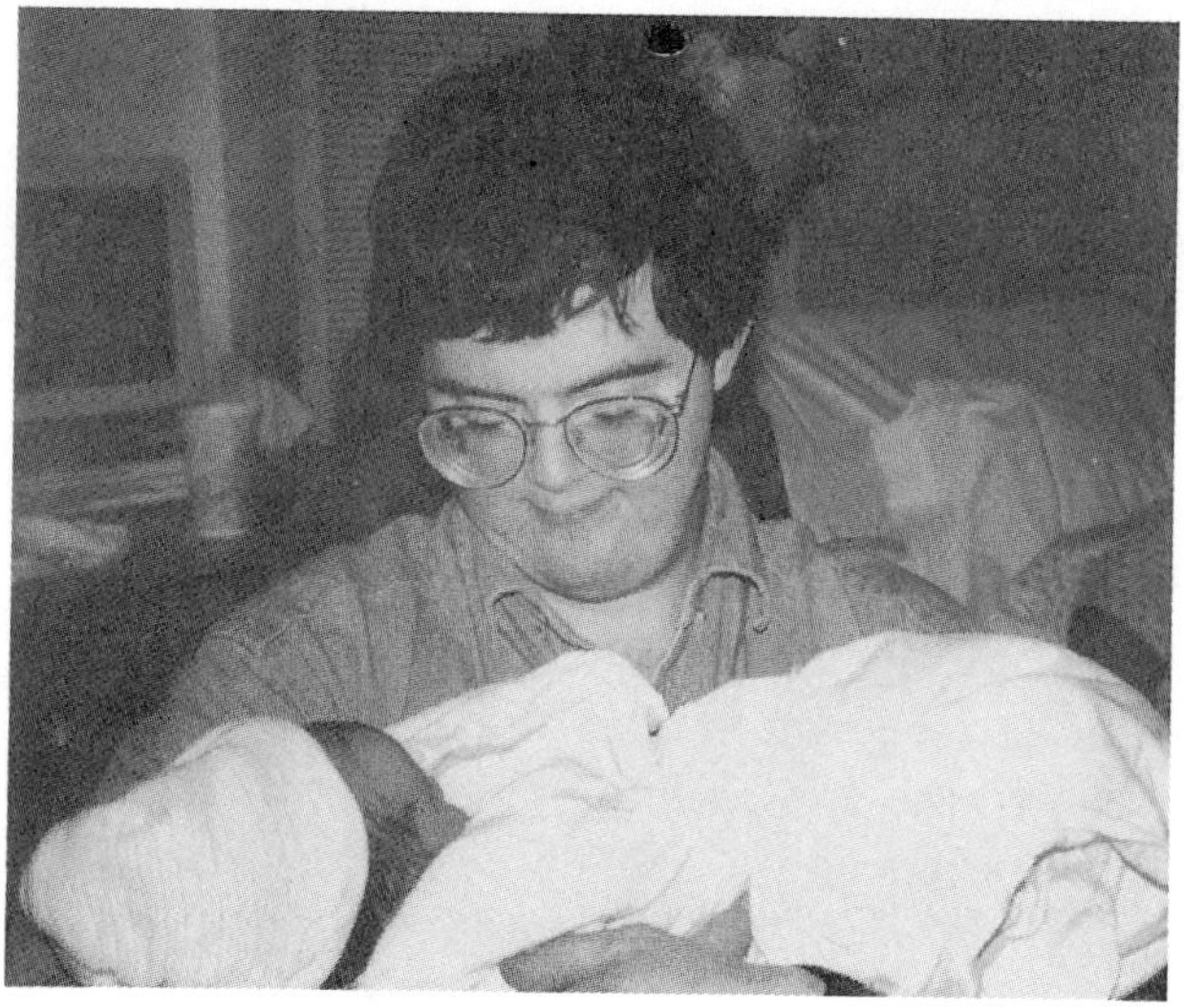

「パトリックおじさん」
姉の赤ちゃんを抱くパトリック

なバリアーや差別も排除される必要があります。

最終的な分析において、テストの得点は重要ではありません。私たちは、人生の質や、障害をもつ人が達成できるものを、人間の尊厳、社会的、経済的価値の見地から測定することができるものはまだ何も持っていません。未来に目を向けるとき、私は、社会が人をもはやＩＱや精神年齢の得点に厳密にもとづいて判断することなく、むしろ単純に、肉体労働や優しさ、愛情深い精神を他者と共有することを通して人間の経験に寄与することができるものによって判断する日が来ることを確信しています。

原　注

(1)　「子どもの発達と精神遅滞センター」(Child Development and Mental Retardation Center: CDMRC)：現在は、「人間発達と障害センター」(Center on Human Development and Disability: CHDD)と改称されています。

(2)　臍帯血検査　Cordocentisis：臍帯血サンプリングにもとづいた、新しく、より侵襲の少ないスクリーニングの方法で、現在では羊水検査や絨毛検査に代わって行われるようになっています。超音波画像をモニターしながら、胎盤または胎児の腹壁への入り口にある臍静脈から血液を採取して行います〔ただし、日本では現在ほとんど行われてはいないようです〕。

(3)　メリー・ジェーン：このタイプの履き物は、靴底が堅く滑りやすいことから、小さい子どもにとって「走る」「昇る・降りる」「歩く」などの粗大運動活動に従事するときには、履き心地が悪く危険でもあるために、規則として認められていませんでした。マギーもほかの子どもたちと同様に、普段はスニーカーを履いていました。しかしながら、この日はマギーが将来の養母に会うことになっていた特別な日であったために、ベティ・ダニエルズはこの規則をあえて無視することにしたのだと思われます。

(4)　言語発達：ダウン症の子どもたちに言語の遅れがあるのは確かですが、ほかの子どもたちと同様に言語の獲得速度は個々の子どもによってそれぞれ異なり、それには多くの要素が関与しています。内在的な能力や認知発達、そして、全般的な健康状態や、感冒または中耳炎に罹る頻度などが音声言語の開始に影響を与えます。発声や発語、そして、コミュニケーション技能全般に焦点を合わせた大人の関わりは、言語発達における主要な役割を果たします。現在、音声言語の促進において親や教師たちはより多くの積極的な役割を担っています。その結果、今ではかなり多くのダウン症の子どもたちが、私たちが二十五年前に初めてこうした子どもたちの能力を開発するようになった頃より、早い時期に話しはじめるようになっています。

(5) バッハラー夫人：私たちは後に、バッハラー夫人はマギーに飲み物を与えていなかったばかりでなく、マギーが「太りすぎ」ていると考え、その子どもに「ダイエット」をさせていたということを知りました。

(6) 賄賂《わいろ》：違法で不道徳な行為である賄賂（贈収賄）と、取り組みがよくできたことに対する承認を象徴する報酬とは区別されなければなりません。

(7) 学術研究：言語治療におけるオペラントの手続き H. N. Sloan & B. D. MacAuly (Eds.), 1968, *Operant-procedures in remedial speech and language*, Boston : Houghton Mifflin Co..

(8) ジェリー：「ペグボードのすべての穴にペグをさし終わるまで座っていられる」という課題はジェリーが達成した主要なもので、それは、後にアカデミックな技能や、機能的技能、職業的技能、そして、余暇技能などを彼に教えることに焦点を合わせた、より年齢相応の活動へと彼を導く一連の発達課題のなかの最初のステップでした。

(9) 父親たちのためのプログラム：このプログラムは全国規模のものになっています。

文　献

Dmitriev, V. (1982) *Time to Begin,* Milton, WA; Caring, Inc. Reprinted (1992) Greenbank, WA: Penn Cove Press.

Dmitriev, V. (1988) Cognition and the acceleration and maintenance of developmental gains among children with Down syndrome: longitudinal data. Down syndrome: Papers and Abstractsfor the Professionals, January. 11, 1.

Dunn, L.M. (1959) Peabody Picture Vocabulary Test, Circle Pines, MN: American Guidance Service.

Edwards, J. (1988) Strategies for meeting the needs of adolescents and adults. In V. Dmitriev and P. Oelwein, (Eds.) Advances in Down syndrome, Seattle, WA: Special Child Publications.

Meyer, D. J. (1995) Uncommon fathers, Bethesda, MD; Woodbine House.

Oelwein, P. (1995) Teaching reading to children with Down syndrome, Bethesda, MD: Woodbine House.

訳者あとがき

本書『ダウン症の子どもたち』（原題『涙と勝利』*Tears and Triumphs*）には、たくさんの親や子どもたちが登場します。待望のわが子が誕生し、その子どもに障害があると告げられた親の多くは大きな衝撃を受け、その直前まで思い描いていた夢や願望を無惨に打ち砕かれたように感じ、悲嘆の涙にくれます。また、障害についての無知や無理解あるいは誤解によって、わが子を心から受容することができず、落胆や挫折を味わい、さらに罪悪感さえ抱くことがあります。しかしながら、それらを乗り越え、子どもを受容し、愛するようになり、適切な支援ができるまでに自らを高め、子どもを人生における勝利者へと導いていけるように健全な変化を遂げる親たちもいます。そうしたさまざまな親たち、そして、祝福されるべき誕生を悲嘆の涙で迎えられた子どもたちや、親や社会に拒絶された子どもたち、また、涙で迎えられながらも、その後は豊かな愛情を注がれ、適切な支援のもとに伸びやかに成長した子どもたちの様子が描かれています。親や関わる人たちの健全な変化は、子どもたちの健全な成長発達を促すと同時に、障害をもつ子どもたちに対する社会全体の姿勢の変化を促すことにもなります。本書を読み、子どもや親たちを取り巻く状況について三十年、四十年前と現在を比べるとき、まだ解決されるべき問題はたくさんあるとしながらも、さまざまな点ではるかに望ましい方向に変化してきていることを私たちは素直に喜ぶことができるのではないでしょうか。本書は、こうした望ましい変化を促すことになった大きな原動力のひとつとも言える「ダウン症や他の発達遅滞の子どもたちのプログラム」の開発と拡大に尽力してこられたドミトリエフ博士の足跡をたどるものと言うこともできます。

本書の第1章では、早期介入によってその悲嘆の淵から這い上がり、孫の成長発達に喜びと希望を見いだし、自らも子どもたちの早期支援のための学習を始めた祖母の言葉が綴られています。チャーリーの祖母を通して、私たちは、障害の宣告によって衝撃を受けるのは親ばかりではないということに気づかされます。また、マギーのケースでは、あまりに大きな悲嘆や落胆が怒りとなって、早期介入もわが子も拒絶した父親と、拒絶された子ども、そして、その子どもがやがて愛情あふれる家族にめぐりあうまでの経過が描かれています。

第2章から第4章では、ドミトリエフ博士の人生を大きく変える転機ともなったトミーとその母親との出会いと別れを通して、愛情や熱意がどれほどあっても、子どもの抱えている問題についての理解がなければ何も解決しない現実が描かれています。「そうしていたなら、今ごろトミーは」……問題を明確に理解することによって子どものニーズを的確に把握し、適切な支援ができていたなら、トミーの人生はもちろんのこと、母親の人生も変わっていたのではないだろうか……博士の後悔にも似た切ない思いが伝わってきます。また、州立学校の居住者たちの描写にあるような、障害をもつ子どもたちに対する過去の処遇を思うと、胸がしめつけられるような思いに襲われます。こうした思いのなかで、博士はその後の人生を子どもたちのために捧げる意思を確かなものにしていきました。

第5章では、意識的または無意識的に、自分自身や周囲の人たちの行動を「操作」していく子どもたちのことが描かれています。子どもの操作のままに動くことは一見、子どもの意思を尊重した理解ある大人の行動のようにも思えますが、危険をはらんでいる場合も少なくありません。愛情深い大人たちが陥りやすい罠のようなものとも言えます。一方、子どもの持つ能力を過小評価している場合にも、それと気づかぬうちに操作されていることがあります。いずれにしても、すべてのことが子どもの思い通りになるわけではなく、時には子どもが環境や周囲の人に合わせなければならない場合もあります。このようなことは、私たち誰もが人生の早い時期から経験し、自分自身の気持ちをコントロールすることを学びます。障害をもつ子どもたちも例外とされるべきではありません。こうした学習の欠如は、子どもにとっても、親にとっても、困難な状況をもたらすことになります。特に、社会生活では問題が顕著に浮上してきます。しかし、長い間「操作できる」環境で「操作すること」に磨きをかけてきた子どもたちの行動を変えるのは容易なことではありません。たとえ、親が問題に気づいて、子どもとの関わり方を改善することで子どもの行動を修正しようとしても、すでに築き上げられた関係や行動に修正を加えるには相当の忍耐と努力を要することになります。この章では、このような問題への対応策や具体的な指導方法の一端が示されています。

第6章では、ブライアンやジェリー、トリーシャたちを通して、「教育不可能」と見なされてきた子どもたちが、適切な援助と教育の機会を与えられれば、素晴らしい能力を発揮することができるということを私たちに気づかせてくれます。また、その能力を引き出すためには、秘められた能力に気づくことのできる感受性と、子どもを信頼し、適切な支援を与えることのできる愛情豊かな人の存在が欠かせないことを同時に気づかせてくれます。

第7章、第8章では、博士が「ダウン症や他の発達遅滞の子どもたちのためのプログラム」を開発することになる、第二の転機とも言える、ワシントン大学の実験教育ユニットでの仕事やデニスとの出会いについて、また、いろいろな意味で博士やプログラムに関わったさまざまな人たちのこと、そして、開発されたプログラムが瞬く間に合衆国内のみならず世界に広がっていった様子などが描かれています。

第9章、第10章では、子どもに愛情を持ちつつも、問題や適切な支援のあり方を見極めることの難しさが述べられています。また、ポリーのケースを通して、子どもの障害の問題以外に深刻な問題を併せ持っている家族に対しては、子どもの障害にのみ焦点を合わせても、何も解決しないどころか、問題をさらに増幅する危険性もあることから、すべての問題を考慮した上で、可能な支援形態のなかからより効果的なものを選び出していく必要性があることを示唆しています。

第11章は、パメラとロバートを通して、多くの親たちが最初に経験する心理的経過が描かれています。そして、彼らのモデルとも言えるジュディとジェームス・マリック、そして、彼らの息子ジェーソンを通して、親子の望ましい変化の一例が示されています。

第12章では、気持ちや感情を素直に表現できる場や、互いに理解し支え合うことのできる仲間たちの存在は、父親にとっても必要なものであること、また、涙を流したり苦しい胸の内を表現することは決して弱いことでも悪いことでもなく、むしろ、そうすることによって、それらを乗り越える強さを獲得していけるということが述べられています。そして、「イエメンからの詩人」では、国や文化的背景が異なろうとも、障害をもつわが子に対して父親が抱く憐れみや将来への不安、そして、深い愛情は何ら変わることがないということに気づかされます。

第13章では、ワシントン大学で「ダウン症や他の発達遅滞の子どもたちのためのプログラム」を受けてきた子どもたちのその後の様子が描かれています。私たちの期待を裏切らず、将来への力強い希望を与えてくれる章と言えます。

本書が、子どものもつ能力を最大限に引き出し、子どもの明るい将来のために、愛情とエネルギーを注ぎつつ、子どもへの支援のために日々励んでおられるお母様やお父様、そして、おばあちゃまやおじいちゃま、また、指導にあたっておられる方々に勇気と希望をもたらしますように、訳者として願ってやみません。

最後に、本書の日本語版出版にあたり、快く翻訳許可を与えて下さいましたヴァレンタイン・ドミトリエフ博士に感謝いたします。そして、翻訳・出版までの全期間にわたって、暖かい励ましと貴重な助言を下さいました誠信書房の松山由理子さんと伏谷知子さんに心からお礼を申し上げます。

二〇〇〇年　三月

竹井和子

訳者紹介

竹井　和子（たけい　かずこ）
1982年　ワシントン大学大学院教育学専攻修士課程修了
現　在　竹井発達心理研究所所長
訳　書　V．ドミートリーヴ『ダウン症児の早期教育』（共訳）同朋舎，1983，V．ドミトリエフ『ダウン症候群と療育の発展』協同医書出版社，1992

2000年6月1日　第1刷発行

ヴァレンタイン・ドミトリエフ
ダウン症の子どもたち
——発達障害児をめぐる涙と勝利の記録

定価はカバーに表示してあります

訳　者　竹　井　和　子
発行者　柴　田　淑　子
印刷者　芳　山　光　雄

発行所　株式会社　誠　信　書　房
東京都文京区大塚三—二〇—六
電話〇三（三九四六）五六六六
振替〇〇一四〇—〇—一〇二九五

芳山印刷　清水製本所　落丁・乱丁本はお取り替えいたします
検印省略　無断で本書の一部または全部の複写・複製を禁じます

ISBN4-414-20209-4 C0037

川手鷹彦 著

隠された子どもの叡知

●北ドイツの治療教育施設での記録　バルト海を望む美しい森に囲まれた治療施設。自閉症・ダウン症・非行の子どもたちの心にまどろむ叡知を呼び覚ますために優れた詩や物語を朗唱する、芸術治療教育の紹介。

P・E・マッギー著／島津一夫 監訳・石川直弘 訳

子どものユーモア

●その起源と発達　従来重要視されてこなかった子どもの笑いとユーモアの性質や発達について、どのような過程でそれが現れるか、ユーモアを育むにはどうすればよいか認知面、社会的機能・心理学的特徴の研究。

J・H・ディ・レオ著／白川佳代子・石川　元 訳

絵にみる子どもの発達

●分析と統合　描画から子どもが世界をどうとらえているかを垣間見るとともに、フロイト、ピアジェ、エリクソン、ゲゼルなど、子どもの発達について世界の指導的な思想家たちの見解を統合している。

S・バッハ著／老松克博・角野善宏 訳

生命《いのち》はその生涯を描く

●重病の子どもが描く自由画の意味　カラー図版編とその解説からなる本文編の二分冊。227枚の絵から死を予感した人間のたましいがどのように象徴的に絵に現れるか、又身体の状態が描かれるかを解説している。

誠　信　書　房